JN235141

ケイ山田のバラクラ
イングリッシュガーデン
四季の花図鑑
―おすすめのガーデンプランツ445―

ケイ山田のバラクラ イングリッシュガーデン 四季の花図鑑 目次
—おすすめのガーデンプランツ445—

本書の使い方・・・・・・・・・・・・・・・5
はじめに・・・・・・・・・・・・・・・・・7

春 Spring

＜球根　Bulb＞
アネモネ・ブランダ・・・・・・・・・・・・・・10
アイリス・レティキュラータ、
イフェイオン、シラー・シベリカ・・・・・・・12
クロッカス・・・・・・・・・・・・・・・・・・13
スイセン・・・・・・・・・・・・・・・・・・・15
スノーフレーク、セイヨウカタクリ・・・・・・16
スノードロップ、チオノドクサ・・・・・・・・17
チューリップ・・・・・・・・・・・・・・・・・19
ヒヤシンス・・・・・・・・・・・・・・・・・・23
フリチラリア・・・・・・・・・・・・・・・・・24
ムスカリ・・・・・・・・・・・・・・・・・・・25

＜多年草　Perennial＞
アジュガ・レプタンス、
イングリッシュデージー、宿根ビオラ・・・・・27
イカリソウ、シバザクラ・・・・・・・・・・・・28
シレネ・ディオイカ、スズラン、
ゼラニウム・・・・・・・・・・・・・・・・・・29
センテッドゼラニウム、ダイアンサス、
ツルニチニチソウ・・・・・・・・・・・・・・・30
ドデカテオン、プリムラ・ヴェリス、
プルモナリア・・・・・・・・・・・・・・・・・31
ミヤマオダマキ、ムラサキケマン、
ワイルドストロベリー・・・・・・・・・・・・・32
ユーフォルビア・・・・・・・・・・・・・・・・33

＜一年草　Annual＞
パンジー、ビオラ・・・・・・・・・・・・・・・36
ブラキカム、ヤグルマギク、ワスレナグサ・・・38

＜樹木＆低木　Tree & Shrub＞
アメリカハナズオウ'フォレストパンジー'、
サンシュユ、メギ・・・・・・・・・・・・・・・39
サクラ・・・・・・・・・・・・・・・・・・・・41
セイヨウシャクナゲ・・・・・・・・・・・・・・42
ツツジ、ボケ・・・・・・・・・・・・・・・・・43
マルス・・・・・・・・・・・・・・・・・・・・44
モクレン、レンギョウ・・・・・・・・・・・・・45

夏 Summer

<球根 Bulb>
アリウム‥‥‥‥‥‥‥‥‥‥‥‥49
イングリッシュブルーベル、クロコスミア‥‥‥50
ユリ‥‥‥‥‥‥‥‥‥‥‥‥‥‥51

<多年草 Perennial>
アガパンサス、アカンサス・モリス‥‥‥‥54
アストランティア、エレムルス‥‥‥‥‥‥55
アルケミラ・モリス、オリエンタルポピー、
ガウラ‥‥‥‥‥‥‥‥‥‥‥‥‥56
アンチューサ、キショウブ‥‥‥‥‥‥‥58
エキナセア‥‥‥‥‥‥‥‥‥‥‥‥59
カンパニュラ、ケマンソウ‥‥‥‥‥‥‥62
ギボウシ‥‥‥‥‥‥‥‥‥‥‥‥‥63
クレマチス‥‥‥‥‥‥‥‥‥‥‥‥64
キョウガノコ、グンネラ・マニカタ、シャクヤク‥‥68
コリウス、ジギタリス‥‥‥‥‥‥‥‥‥69
ジャーマンアイリス‥‥‥‥‥‥‥‥‥70
宿根フロックス、宿根リナリア‥‥‥‥‥‥71
スイレン、タイタンビカス‥‥‥‥‥‥‥72
ストレプトカーパス、タチアオイ‥‥‥‥‥74
タリクトラム、チャイブ、トリトマ‥‥‥‥‥75
ネペタ、バーベナ・ボナリエンシス‥‥‥‥78
バーバスカム、
プレクトランサス'モナラベンダー'‥‥‥‥79
フウロソウ‥‥‥‥‥‥‥‥‥‥‥‥80
フェンネル‥‥‥‥‥‥‥‥‥‥‥‥81
ヒューケラ、ブルンネラ‥‥‥‥‥‥‥‥82
ベニバナサワギキョウ、ヘメロカリス、
ヘリオプシス‥‥‥‥‥‥‥‥‥‥‥83
ベロニカ、ペンステモン‥‥‥‥‥‥‥‥84
ホタルブクロ、ポレモニウム‥‥‥‥‥‥85
マムシグサ、マロウ‥‥‥‥‥‥‥‥‥86
マンデビラ'サンパラソル'、ミソハギ‥‥‥‥87
モナルダ、ミント‥‥‥‥‥‥‥‥‥‥88
ヤロウ、ラミウム‥‥‥‥‥‥‥‥‥‥89
リアトリス、リシマキア、ルバーブ‥‥‥‥‥90
リグラリア、ルドベキア‥‥‥‥‥‥‥‥91
ルピナス、ルリタマアザミ‥‥‥‥‥‥‥92

<一年草 Annual>
ジャーマンカモマイル、スコッチアザミ、
トレニア‥‥‥‥‥‥‥‥‥‥‥‥‥93
インパチエンス、スイスチャード、
ナスタチウム‥‥‥‥‥‥‥‥‥‥‥97
クレオメ、センニチコウ‥‥‥‥‥‥‥‥98
マリーゴールド、
ロベリア'アズーロコンパクト'‥‥‥‥‥‥100
ペチュニア、カリブラコア‥‥‥‥‥‥‥101

<バラ Rose>
バラ‥‥‥‥‥‥‥‥‥‥‥‥‥‥103

<樹木&低木 Tree & Shrub>
アジサイ、オオベニウツギ、
カシワバアジサイ‥‥‥‥‥‥‥‥‥‥112
イングリッシュラベンダー‥‥‥‥‥‥‥113
シモツケ、サラサウツギ‥‥‥‥‥‥‥114
キングサリ‥‥‥‥‥‥‥‥‥‥‥‥115
ジューンベリー、スモークツリー‥‥‥‥‥116
セイヨウニワトコ、ノウゼンカズラ、
ノリウツギ‥‥‥‥‥‥‥‥‥‥‥‥117
ニセアカシア‥‥‥‥‥‥‥‥‥‥‥118
ハイドランジア'アナベル'‥‥‥‥‥‥‥119
バイカウツギ、フクシア、モクフヨウ‥‥‥‥120
ハニーサックル‥‥‥‥‥‥‥‥‥‥121
フジ‥‥‥‥‥‥‥‥‥‥‥‥‥‥122
ブッドレア、ヘリオトロープ‥‥‥‥‥‥‥123
ムクゲ‥‥‥‥‥‥‥‥‥‥‥‥‥124
ヤマボウシ‥‥‥‥‥‥‥‥‥‥‥‥125
ポテンティラ、ルシアンパイン‥‥‥‥‥‥127

秋 *Autumn*

＜球根　Bulb＞
オータムクロッカス、サフラン　………131
球根ベゴニア　………………………132
ダリア　………………………………134

＜多年草&一年草
Perennial & Annual＞
アゲラタム、ウィンターコスモス、
オオベンケイソウ　…………………140
カクトラノオ、サラシナショウマ　…141
シュウメイギク、トリカブト　………142
宿根サルビア　………………………144
宿根アスター、ユーパトリウム　……146
ニコチアナ・シルベストリス、ポットマム　…147

＜樹木&低木　Tree & Shrub＞
コトネアスター、サンザシ、チェッカーベリー　・150
ツルコケモモ、ナナカマド、
ノルウェーカエデ　……………………151
ピラカンサ、ムラサキシキブ、
ルス・ティファナ　……………………152

冬 *Winter*

＜球根&多年草&一年草
Bulb & Perennial & Annual＞
シクラメン、プリムラ　………………156
クリスマスローズ　……………………158

＜樹木&低木　Tree & Shrub＞
エリカ、カルーナ、コロラドトウヒ、
セイヨウヒイラギ　……………………159
ヘデラ、ミズキ　………………………161
冬の朝　………………………………163

ケイ山田流
庭作り成功への8ステップ　……164

バラクラマップ、おわりに　………170

さくいん　………………………172

本書の使い方

本書は蓼科高原 バラクラ イングリッシュ ガーデンで見られる植物を、季節ごとに【球根】【多年草】【一年草】【バラ】【樹木＆低木】の順番でご紹介しています。それぞれの中で五十音順に並べていますが、写真点数の都合上などで、一部、順序が変更になっている場合があります。

植物の名前
本書では、最もよく使われる呼称を記しています

開花期または観賞期
寒冷な気候の蓼科では、温暖地での開花期や実などの観賞期と大幅にずれる植物があるため、一般的な開花期、観賞期に加え、蓼科での開花期、観賞期も併記しています

日照
その植物が好む、または育てることができる日照条件を以下の3つのマークで記しています
- ○＝ひなた
- ◐＝半日陰
- ●＝日陰

基本的にはひなたを好むが、半日陰でも十分育つというような植物の場合は、○〜◐と記しています

耐寒性
特に耐寒性の強い植物のみに、このマークをつけています

耐暑性
特に耐暑性の強い植物のみに、このマークをつけています

観賞に適した季節
本書では、ケイ山田の考える、その植物のもっとも見ごたえのある時期を基準として、季節の分類をしています

園芸分類
本書では、植物の形態から、球根、多年草、一年草、バラ、樹木、低木の6種に分類しています

※本文中「蓼科高原 バラクラ イングリッシュ ガーデン」の名称は、通称の「バラクラ」と略し、記載しています。
本文中に出てくるテーマガーデンなどの名称は170ページのマップをご参照ください。

はじめに

　イングリッシュガーデンのすばらしさは、植物のみならず小動物、鳥や虫、モグラまで含めて自然と人間のふれあいがあることです。

　蓼科高原にある私の庭、バラクラ イングリッシュ ガーデンも、二十数年の歳月を経て生長してきた植物、そしてここで生まれた小鳥たちの飛び交う様子に、いまさらながら感慨深く思います。ゴールデンアカシア、ジューンベリー、スモークツリー、ハイドランジア'アナベル'など、当時日本では知る人もほとんどなく、手に入らなかった樹木類、それがいまでは見上げるほどに大きくなって、しかも多くの方がそれらの木の名前を知っていて、もう当たり前のように話す場面に遭遇するとき、「この木たちは、この場所から日本に広がっていったのです」と、内心、ひそかな自負心を感じてしまいます。

　四季それぞれに庭の表情を変えてくれる植物たち。どんな小さな植物にも生命があり、シーズンになれば自然の法則に従って花を咲かせる……。私にとっては、そんな当たり前のこともいとおしく、不思議な驚きがあります。

　ガーデンには2000種以上の植物が植えられていますが、本書では445種を選び、掲載しています。この本を手にされた方が植物の魅力にふれ、庭のさまざまなシーンを楽しんでいただければ、このうえない幸いです。

ケイ山田
Kay Yamada

春
Spring

芽吹きはじめた木々と、メドウを埋め尽くすチューリップやスイセンたち。目覚めたばかりのやわらかい色合いの緑に包まれて、待ちに待った春の庭の物語がスタートします。

パビリオンの足元に広がるメドウに咲く、チューリップ'クイーンオブナイト'とスイセン'キングスアルフレッド'など。黒紫と黄色の花が、互いの魅力をいっそう際立たせています。

アネモネ・ブランダ

紫色のアネモネ・ブランダとスイセン'テータテイト'が混じり咲く、暖かな春の午後。うつむきかげんのクリスマスローズもいっしょに。

学名：*Anemone blanda*
キンポウゲ科／秋植え球根
草丈：10〜15cm
開花期：4〜5月
（蓼：4〜5月）

地中海原産の秋植え球根。花弁の大きなアネモネ・コロナリアと異なり、可憐で野ギクのような趣があります。ブルー、ピンク、白の花色がありますが、バラクラでは何色も花色を混ぜずに使います。中でも心ひかれるのは青花種で、メドウの芝生の中にこの花が咲いているシーンを目にするとなんだかすがすがしい気分に。毎年、少しずつ植えてふやしていこうと思っています。球根はとてもかたいのでしばらく水につけ、ふくらんでから植えるのがコツです。

青花種
かわいいだけでなく、どこか野趣味も感じさせます。

白花種
ボトムガーデンに咲く白いアネモネ。バラクラでは白花種もよく使います。

メドウの芝生のクッションの上に、アネモネ・ブランダを点描画のように咲かせて。母が好んだ情景で、私は亡き母を想い、「マザーズヒル」と名づけました。

アイリス・レティキュラータ

学名：*Iris reticulata* Bieb.
アヤメ科／秋植え球根
草丈：10〜15cm
開花期：3〜6月（蓼：4〜5月）

地中海原産の球根性のアヤメの仲間。草丈の短い矮性種でミニアイリスとも呼ばれます。春早くから、すっと伸びた葉の間に濃い紫色や赤紫色の花を咲かせます。この花は1株だけ植えてもちょっとつまらない。落葉樹の下などに数株まとめて植えるとぐんと映えます。

イフェイオン

学名：*Ipheion uniflorum*
ネギ科（ユリ科）／秋植え球根
草丈：15〜25cm
開花期：3〜4月（蓼：4〜5月）

別名ハナニラ。星形の淡いブルーや白の花を群がるように咲かせます。一面に植えるとさわやかなブルーのカーペットのようですし、ひとかたまりを小道の縁取りなどに植えてもかわいいもの。性質は丈夫で夏の暑さにも強く、やせた土地でも育ちます。

シラー・シベリカ

学名：*Scilla siberica*
ヒヤシンス科（ユリ科）／秋植え球根
草丈：10〜20cm
開花期：3〜4月（蓼：3〜5月）

シラーの仲間でも小型で、早春に釣り鐘状の小花を咲かせます。白やピンクもありますが、特に好きなのはブルーの花。空のしずくが花になったような青さです。バラクラでは5000球もの青花種を植え込んでいますが、それでも足りないほどで、もっとふやしたい球根のひとつです。

青花種
冬枯れの芝生からツンツンと顔を出して、しべの色までブルーの花を咲かせます。

紫は'リメンブランス'、白は'ジャンヌダーク'、紫×白は'ストライプビューティー'。

クロッカス

学名：*Crocus dalmaticus*
アヤメ科／秋植え球根
草丈：10〜18cm
開花期：2〜3月（蕾：3〜4月）

秋植え球根の中で、春の訪れを告げる花といえばこのクロッカス。バラクラでは春のお彼岸過ぎから黄色が咲きだし、紫や白へと続きます。イギリスではなだらかな丘の芝生にクロッカスが混じり咲く風景をよく見かけますが、そんなシーンを再現したくてメドウの芝生の中に植え込んでいます。球根を植えるときは、ひとつの穴に5〜6球ずつまとめて。こうすると自然風に見えます。

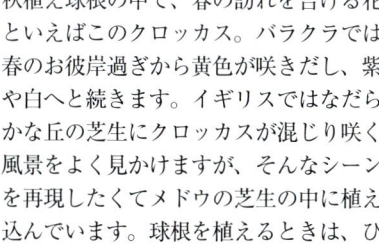

日の光を受けて、たくさんのクロッカスが満足げに花を開いていきます。

メドウを埋める黄色の'キングスアルフレッド'や白の'アクタエア'。顔を寄せれば春の幕開けを告げるスイセンの甘い香りが。

バルボコディウム'モノフィラス'
かわいい三角形の花が小人の帽子を思わせる、白い原種系スイセン。

スイセン

学名：*Narcissus*
ヒガンバナ科／秋植え球根
草丈：10〜45cm
開花期：2〜3月（蓼：3〜5月） 〜

16世紀ごろからヨーロッパで盛んに栽培され、品種改良の歴史も古く、いまでは1万種を超える園芸品種があります。春のメドウを埋めるのもこの花。春咲きの球根花はどれも心が浮き立つものですが、特にこの花は人を幸せな気分にさせてくれるように思います。春一番に咲くせいでしょうか。バラクラでは小型の原種系から大輪のラッパズイセンまで、草丈や花色のバランスを考えて群生させています。植えたままで翌年も花が咲きますが、毎年、新しい球根を植え足しています。

'テータテイト'
草丈20cm以下の矮性種。「ヘッド トゥ ヘッド」という意味の名のとおり、額を寄せて内緒話をしているような愛らしさ。

'チャフルネス'
八重咲きの花が房になって咲く姿は、小さなブーケのよう。香りもすてきです。

'アクタエア'
副花冠の赤い縁取りが清楚な印象です。シルバーをおびた細い葉が調和しています。

'ラスベガス'、'アークティックゴールド'
クリーム色の花弁に黄色のカップをもつのが'ラスベガス'。輝くような黄色は'アークティックゴールド'。

スノーフレーク

学名：*Leucojum aestivum*
ヒガンバナ科／秋植え球根
草丈：30〜40cm
開花期：3〜4月
（蓼：3〜5月）

日本ではスズランスイセンとも呼ばれ、白い釣り鐘形の小花を咲かせます。花弁の縁に緑色のポイントをちょんちょんとつけ、そのせいでいっそう白が引き立つように見えます。日本では年数がたつと株分けをすることが多いのですが、あえてそのまま大株に育てるほうが見ごたえが出ます。

落葉樹の足元に数十球ずつまとめて、ブロックを作るように植え込んでいます。

セイヨウカタクリ

学名：*Erythronium*
ユリ科／秋植え球根
草丈：10〜30cm
開花期：3〜4月（蓼：4〜5月）

北米原産のカタクリ。細い茎の先に白や黄色の花をうつむくように咲かせ、エレガントな風情です。踊るようにひゅんとひるがえる花弁の形、そして、葉に入るマーブル模様のような斑も印象的。暑さを嫌う性質のため、蓼科のような冷涼な地域でよく育ち、やや日陰の水はけのよい場所を好みます。

'ホワイトビューティー'
珍しい白花種。クリーム色をおびる白の大きな花を咲かせます。

'パゴダ'
黄色の種間雑種。大型の品種で草丈が30cmほどに伸び、カタクリの中では丈夫な品種。

スノードロップ

学名：*Galanthus*
ヒガンバナ科／秋植え球根
草丈：10〜20cm
開花期：2〜3月（蓼：2〜4月）

ヨーロッパで早春の花として愛されていますが、バラクラでもいちばん早く咲く花。2月中旬には雪どけの陽だまりに可憐な姿を見せてくれます。名前のとおり、ひとひらの雪のしずくのようで、思わず手のひらで受けてしまいそう。数球まとめて植えることをおすすめします。

チオノドクサ

学名：*Chionodoxa*
ヒヤシンス科（ユリ科）／秋植え球根
草丈：10〜15cm
開花期：3〜4月（蓼：3〜5月）

早春に雪の間からでも咲いてきます。花色は青紫色が基本ですが白やピンクも。バラクラでは黄色のスイセンと青紫のこの花を合わせていますが、とてもよく調和します。丈夫で手がかからず、可憐に咲く姿は見るに値します。植えたままで数年は花を咲かせます。

'ブルージャイアント'
小さな葉に比較して花が大きめのせいか、澄んだブルーがひときわ目立ちます。

黄色のスイセン'テータテイト'の株の間を埋めるようにチオノドクサが咲き、紫色の小さな面を作ります。

ロングボーダーガーデンからボトムボーダーガーデンを望む情景。5月上旬から中旬にかけて、チューリップが満開になり、バラクラに本格的な春が訪れます。

チューリップ

学名：*Tulipa*
ユリ科／秋植え球根
草丈：20〜70cm
開花期：3〜5月（蕾：4〜5月）

中央アジア〜地中海沿岸原産の秋植え球根。鮮やかな花色とバリエーション豊かな花形がぱっと人目をひく、春の庭に欠かせない存在です。チューリップがなかったら春の庭はどんなにか寂しいことでしょう。バラクラではよい花を咲かせるため、球根を植えたままにはせず、1年限りの花とわりきって毎年2万球を植え込んでいます。品種ごとに数十球ずつまとめてチューリップの流れを作ったり、たくさん植えて面を作ったりと、その魅力を引き出す工夫をしています。

'プリティウーマン'
おなじみの赤いチューリップも、スリムな草姿のユリ咲き種ならひと味違って小粋です。

'ブルーヘロン'
花弁にこまかい切れ込みが入ったフリンジ咲きの品種で、アレンジに使ってもすてき。

'クイーンオブナイト'
大好きな品種で、特にメドウに欠かせません。夕暮れどきに見る神秘的な黒紫色はすばらしい。

'アンジェリケ'
淡いピンクにグリーンが入る八重咲き種。チューリップの魅力を再認識させてくれた人気の品種です。

'スプリンググリーン'
白とグリーンのストライプ。おもにレースガーデンに植えています。

Tulip Variation
チューリップ バリエーション

チューリップにはさまざまな種類があります。だからこそどんなチューリップを咲かせて、どんな景色をつくろうかと考えるのは毎年の楽しみであり、腕の見せどころでもあります。魅力的なシーンをお見せできるよう、前年の秋に念入りにプランを立てています。

グラベルガーデンのカーブのある園路に沿って、それぞれの色のチューリップがかたまりとなり、波のように流れていきます。手前の赤紫の品種は'ブルーダイアモンド'。

後ろは赤紫×マロン色の'カボタ'。手前のクルシアナ'レディージェーン'は原種系で青みがかった葉も魅力的。足元にはビオラ'ソルベ ブラックデライト'とユーフォルビア。

'アラジン'
魔法のランプのゆらめく炎を思わせる赤い花。キュッと締まったフォルムも忘れがたい。

'ピンクインプレッション'
芽吹きはじめた落葉樹の下を埋め尽くす、'ピンクインプレッション'。中心は濃いローズレッドで、縁にいくにしたがって薄いピンクになります。

チューリップのカラーコーディネートを考えるのは楽しいもの。赤の'レッドハンター'と、淡いオレンジ色の'アメリカンドリーム'の組み合わせ。

'ハーツデライト'
小ぶりな原種系のチューリップは、自然風な景色をつくりたいときに役立ちます。

パビリオンの近く、枕木の小道沿いに何千球ものヒヤシンスが花開くと、あたりには甘い香りが漂います。

プライベートガーデンにも春の香りがほしくて、ヒヤシンスを。白は'アイオロス'、ブルーは'マリー'、ピンクは'ピンクパール'。

'カーネギー'
清らかな純白の花色が印象に残る、一重咲きのヒヤシンスです。

ヒヤシンス

学名：*Hyacinthus orientalis*
ヒヤシンス科（ユリ科）　／秋植え球根
草丈：約20cm
開花期：3〜4月
（蓼：4〜5月）　

香りのある球根植物の中でも、ヒヤシンスの芳香は別格でしょう。暖かい日の午前中や夕方、あたり一面に甘くさわやかな香りが漂いだすと幸せな気持ちになります。この芳香を訪れた人にも感じてもらえるよう、バラクラでは毎年秋に小道沿いに密集させて球根を植え込んでいます。花色も豊富ですし、小花をびっしりとつけたボリューム感のある花形も大きな魅力です。

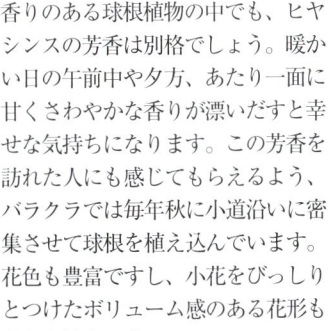

'ウッドストック'
濃い赤紫の花色にボリューム感のある花穂がマッチした、大人の雰囲気がある品種です。

フリチラリア

学名：*Fritillaria*
ユリ科／秋植え球根
草丈：20～100cm
開花期：4～5月
(蕾：4～5月)

フリチラリア・メレアグリスはバラクラのシンボルフラワーとして洋服のプリントやバッグ、小物などの絵柄に使われていますが、とても可憐でひっそりと咲いていても目にとまる花です。この仲間は、大型のものから小型のものまで多種あり、どれも花が下垂する釣り鐘形で、独特の存在感があります。

メレアグリス
草丈は20cmほどと小型ですが、神様はよくこれを考えられたと思うほど、網目模様の印象的な花弁です。

インペリアリス
黄色やオレンジ色のクラウンのような花をつける大型種。荘厳で堂々とした雰囲気。

ミハイロフスキー
つやのある黒紫色の花弁に、暗黄色の縁取りがクラシカルな小型種。

ツンベルギー
別名バイモ。緑色の花弁に網目模様が入る個性的な草姿。生け花や茶花にも使われます。

ブルーガーデンの地面を紫のグラデーションで染め上げるムスカリとパンジー。

ムスカリ

学名：*Muscari*
ヒヤシンス科（ユリ科）
／秋植え球根
草丈：10〜30cm
開花期：3〜4月（蕾：4〜5月）
〜

小花が密集して房になることから、別名グレープヒヤシンス。派手さはありませんが丈夫で花期が長く、ほかの球根植物やパンジーなどとよく調和するため、春の必須植物ともいえます。葉が伸びて花が隠れるのを防ぐには、秋遅くに球根を植えつけます。

'マウントフッド'
頭が白く、下にいくほどブルーが濃くなる様子がなんともかわいらしい品種。

アルメニアカム
ムスカリの中で最もポピュラーな種で、すっきりとしたコバルトブルーの花。とても丈夫です。

ガーデンのほぼ中央の芝生にかかる霞は、ピンクのシダレザクラ。地面にこぼれるのはイングリッシュデージーの白い花。春遅い菱科の心浮き立つ陽光のシーンです。

アジュガ・レプタンス

学名：*Ajuga reptans*
シソ科／耐寒性多年草
草丈：約20cm
開花期：4〜5月（蓼：4〜6月）

茎がほふくして伸び、ロゼット状の葉が地表を覆うグラウンドカバー植物の代表格。葉を楽しむリーフプランツとしてよく利用されます。とても丈夫で耐寒性が強く、日当たりの悪い場所でも育つ使いがってのよさが身上。立ち上がるように咲く紫色の花もなかなか味があります。

イングリッシュデージー

学名：*Bellis perennis*
キク科／耐寒性多年草
草丈：10〜20cm
開花期：3〜4月（蓼：4〜6月）

芝生の中に咲いているのは春の雪が降ったよう。ヨーロッパ原産の原種のデージーで、ローンデージーという通称もあります。大好きな花ですが、開園当初は日本ではなかなかタネが見つからず、苦労したのも懐かしい思い出です。丈夫で寒さに強く、こぼれダネで年々ふえます。

宿根ビオラ

学名：*Viola*
スミレ科／耐寒性多年草
草丈：10〜15cm
開花期：3〜4月（蓼：4〜5月）

冬に地上部が枯れても、根が生き残って春に再び花を咲かせる宿根性のビオラ。可憐な花姿に似ず、茎は太くて丈夫で、年々よくふえます。絞りやそばかす模様などの個性的な品種が多いのも特徴。バラクラでは甘い香りをもつオドラータ'アルバ'やソロリア'プリケアナ'が植えられています。

ソロリア'プリケアナ'
淡い空色の地に紫色をにじませる、清涼感のある花色。紫色の弁脈に思わず見入ってしまいます。

| Spring-Perennial | 27

イカリソウ

学名：*Epimedium grandiflorum*
メギ科／耐寒性多年草
草丈：20〜40cm
開花期：4〜5月
（蓼：4〜6月）

花が船のいかりのような形をしていることから、この名で呼ばれます。日本では山野草として和風の庭や樹木の下草として植えられてきましたが、イングリッシュガーデンにもよく調和します。ツヤツヤとしたハート形の葉もきれいで、花のない時期も楽しめます。やや日陰の少し湿った場所を好みます。

白花種
地味で小さな花ですが、こうしたほんの少量の白があると、樹木や低木の下が明るくなります。

ピンク花種
基本色はこの紫ピンク。とがった花弁のように見える部分は距（きょ）です。

シバザクラ

学名：*Phlox subulata*
ハナシノブ科／耐寒性多年草
草丈：約10cm
開花期：4〜5月（蓼：4〜5月）

日本でいちばん親しまれているグラウンドカバー植物のひとつ。芝生のように低く地面を這い、小さな5弁の花をいっぱいに咲かせます。濃いピンクの花もありますが、色が強すぎるのでバラクラでは白や淡いピンクが中心。白い花は春の蓼科に降る名残雪のようにも思えます。ロックガーデンにもおすすめです。

薄ピンク花種
紫がかった淡いピンクの花色は、ほかの植物をやさしく引き立ててくれます。

白花種
ふんわりとした白い花も、細い葉もとけてしまいそうな繊細な風情にあふれます。

シレネ・ディオイカ

学名：*Silene dioica*
ナデシコ科／耐寒性多年草
草丈：10～30cm
開花期：4～5月（蕾：5～6月）

可憐な花ですが、花のつけ根がぷくんとふくらむ様子がちょっとユーモラス。花が終わると風船のような実をつけます。丈夫で耐寒性が強く、あまり手をかけなくても株が年々大きくなり、こぼれダネから芽が出ることもあります。やや日当たりの悪い場所でも咲きます。

スズラン

学名：*Convallaria majalis*
スズラン科(ユリ科)／耐寒性多年草
草丈：20～30cm
開花期：4～5月（蕾：5～6月）

丸みをおびた白いベル形の花をたくさんぶら下げるように咲かせます。清楚な雰囲気で古くから愛されてきました。つやのある緑の葉が白い花を包み込む姿は、小さなブーケのよう。丈夫で地下茎を伸ばしてふえ、栽培の手間もかかりません。ピンク花や斑入り葉のものもあります。

ゼラニウム

学名：*Pelargonium*
フウロソウ科／半耐寒性多年草
草丈：30～100cm
開花期：3～11月（蕾：5～10月）

コンテナガーデンに欠かせない花。重なり合って茂った葉の間からすっと茎を伸ばして、色鮮やかな花をたくさん咲かせる様子は見ごたえ十分です。種類がとても豊富ですが、'カリオペ'シリーズは繊細な葉に一重の花がかたまってつき、軽やかな印象があります。

'カリオペ スカーレットファイヤー'
すばらしい色の赤花。株が横に張るため、ハンギングや大きなプランターに向きます。

センテッドゼラニウム

学名：*Pelargonium* spp.
フウロソウ科／半耐寒性多年草
草丈：30〜100cm
開花期：4〜10月（蓼：5〜9月）

別名ニオイゼラニウム。ゼラニウムの中でもよい香りのあるものをさし、ハーブの一種として区別しています。バラクラで最も利用するのは、葉や茎にバラの香りがあるローズゼラニウム。ポットに植えてガーデンテーブルの下に置いておくと蚊や虫が近寄らず、とても重宝します。

ローズゼラニウム
最もポピュラーなセンテッドゼラニウムで、葉はスイーツの香りづけにも使われます。

ダイアンサス

ピンク花種
花弁と弁底のピンクの濃淡が印象的。数株をまとめて群がるように咲かせるとみごとです。

学名：*Dianthus*
ナデシコ科／耐寒性多年草
草丈：10〜60cm
開花期：4〜10月（蓼：4〜9月）

ダイアンサスには多くの種類がありますが、どれもやさしい風情で洋の東西を問わず古くから親しまれてきました。縁にこまかい切れ込みのある、ピンクや赤の花を上向きに咲かせますが、白や複色の種類も。バラクラでは耐寒性の強い品種をハーブガーデンなどに植えています。

ツルニチニチソウ

学名：*Vinca major*
キョウチクトウ科／耐寒性多年草
草丈：40〜100cm
開花期：4〜5月（蓼：4〜5月）

茎が長く伸びるつる性植物で、グラウンドカバーとしてよく利用されます。葉は常緑で蓼科の冬でも緑を保ちますし、斑入り葉の種類もあります。春の終わりごろには、短い茎の先に涼やかな5弁の青い花を咲かせます。見逃しがちな花ですが、見つけるとちょっとうれしい気分に。

ドデカテオン

学名：*Dodecatheon meadia*
サクラソウ科／耐寒性多年草
草丈：10〜40cm
開花期：4〜6月（蓼：5〜6月）

別名カタクリモドキ。葉はサクラソウに似ていますが、花はカタクリに似ています。花は下向きにつきますが、花びらがきゅっと反り返り、小粋で愛嬌のある姿です。北米に自生する植物で、高温多湿の気候が苦手。バラクラではスクリーガーデンに植えています。

プリムラ・ヴェリス

学名：*Primula veris*
サクラソウ科／耐寒性多年草
草丈：20〜30cm
開花期：3〜4月（蓼：5〜6月）

原種のサクラソウで、別名カウスリップ。日本ではサクラソウといえばピンクですが、イギリスではこの黄色をイメージし、春告げ花のひとつ。牧場のわきなどにいっぱい咲いているのを見かけます。太い茎を持ち上げて、明るい黄色の花をかさのように咲かせます。

プルモナリア

学名：*Pulmonaria*
ムラサキ科／耐寒性多年草
草丈：約20cm
開花期：3〜5月（蓼：4〜6月）

プルモナリアとはラテン語で肺を意味しますが、斑点のある葉の形状から名づけられました。ワスレナグサに似た青い小さな花が咲き終わると、葉が目立って生長してカラーリーフとしても楽しめます。中にはマーブル模様の葉も。じっくりと育てて大株にすると見ごたえがあります。

'ミセスムーン'
咲き始めのピンクからしだいにブルーへと変化。花が終わっても斑点のある葉が楽しめます。

ミヤマオダマキ

学名：*Aquilegia flabellata* var. *pumila*
キンポウゲ科／耐寒性多年草
草丈：10〜30cm
開花期：4〜5月（蓼：4〜6月）

日本でも古くから親しまれてきましたが、イギリスでは5羽のハトが顔を寄せ合っているような花形から「聖母マリアの花」と呼ばれています。草丈が低く楚々とした風情はかわいらしく、バラクラではスクリーガーデンなどで咲いています。少しあれた土を好みます。

ムラサキケマン

学名：*Corydalis incisa*
ケシ科／耐寒性多年草
草丈：30〜50cm
開花期：3〜4月（蓼：4〜5月）

紫色や青の筒形の花を穂状に咲かせます。花は先端にいくほど色が濃く、そのグラデーションがきれい。薄くやわらかでマットな葉は、縁にこまかい切れ込みが入ります。半日陰のやや湿りけのある場所を好みます。バラクラでは野生種が咲きます。

ワイルドストロベリー

学名：*Fragaria vesca*
バラ科／耐寒性多年草
草丈：15〜25cm
開花期：4〜5月（蓼：4〜6月）

ヨーロッパ原産の野生のイチゴ。甘ずっぱい実はジャムや果実酒に利用されますが、観賞用としても価値があります。茂った緑の葉の上に白い花と小さな赤い実が見え隠れしている姿はかわいらしく、これだけをポットに植えてもすてき。幸運を呼ぶラッキープランツでもあります。

ユーフォルビア

学名：*Euphorbia*
トウダイグサ科／
耐寒性または非耐寒性多年草
草丈：60〜80cm
開花期：4〜7月
（蓼：4〜8月）　○ ❄

北米原産の多年草で多肉植物や低木状になるものもあり、庭を立体的に見せるアーキテクチャルプランツのひとつ。草姿も性質もさまざまですが、ユニークな葉の形状や苞（ほう）と呼ばれる葉のように見える部分を観賞したりします。種類が多いので単にユーフォルビアというのではなく、下の名前や品種名も覚えておきたいもの。ポインセチアもユーフォルビアの仲間です。

シパリシアス
黄色の小花が株を覆うように咲きます。葉は細く青みをおびます。

'アスコットレインボー'
茎が赤紫で葉に斑が入る品種です。こまかく枝分かれして、株はこんもりと茂ります。

'ボーンファイヤー'
ライムイエローの花とブロンズ色の葉の対比が魅力的。暑さ寒さに強い品種。

'ファイヤーグロー'
オレンジ色の高性種で茎と葉の一部もオレンジ色に染まります。暑さ寒さに強く、株は形よく茂ります。

バラが咲くまでの間、ガーデンの入り口のパーゴラはパンジーやビオラのハンギングが主役。木々のみずみずしい緑を背景に、草花たちが春を謳歌します。

紫とラベンダーピンクのパンジーとビオラをとり合わせた、落ち着き感のあるコーディネート。すっくと顔を出しているのは青紫のヒヤシンス。

パンジー、ビオラ

学名：*Viola wittrockiana*
スミレ科／秋まき一年草
草丈：10〜25cm
開花期：11〜5月（蕾：5〜6月）

花壇に、ハンギングに、春の庭で大活躍してくれるかわいい花。小輪から大輪まで花径に幅があり、色調も花形もバリエーション豊かです。花弁にフリルのあるものや色のグラデーションに魅了されるものなど、毎年、次々と新品種が登場して興味は尽きません。春の庭を思い描きながら、前年の夏のころからタネを準備するのも楽しいもの。バラクラでは3月下旬に苗を定植しますが、温暖地では晩秋から楽しめます。小さな素焼きのポットに一色ずつ植えてもおしゃれです。

ビオラ'ソルベ XP ホワイト'
よく分枝して生育の旺盛な、'ソルベ XP'シリーズの白花種。

パンジー
'虹色スミレ
メープル'

暗赤色と黄色の
コントラストが
新鮮。色づくカ
エデをイメージ
させる、温かみ
のある花色です。

パンジー
'パノラ XP
トゥルー
ブルー'

心ひかれる深く
澄んだブルー。
やや大きめの花
が花壇やコンテ
ナ、寄せ植えで
よく映えます。

パンジー '絵になるスミレ'
花弁のフリルと色の濃淡がきれいな、目下の
お気に入り品種。白〜ブルーは'パルム'、黄
色は'ソレイユ'、紫は'ミュール'。

こんもりとかわいいビオラのハンギング。左からビ
オラ'ペニー レッドブロッチ'、'ソルベ イエロー
フロスト'、'ソルベ ブラックデュエット'。

ブラキカム

学名：*Brachyscome iberidifolia*
キク科／春または秋まき一年草、半耐寒性多年草
草丈：30～40cm
開花期：4～5月（蓼：5～7月） ○ H

株のつけ根からよく分枝し、細い茎の先に花径3cmほどの小さな花をたくさん咲かせます。こんもりとしだれるように茂るため、ハンギングやコンテナ向きの草花とされていますが、地植えの場合は少し段差のある場所に植えると、ほどよく周囲をカバーしてもち味が発揮できます。

ヤグルマギク

学名：*Centaurea cyanus*
キク科／秋まき一年草
草丈：30～100cm
開花期：4～6月（蓼：5～6月） ○

メドウの中に咲かせたい花。フランスやイギリスでは大麦畑の中でヒナゲシとともに咲いていますが、とてもすてきでつくりたい風景のひとつです。日当たりのよい少しやせた土地でもよく育ちますが、バラクラの土壌は肥沃すぎるのか、うまく咲かせるために試行錯誤の最中です。

ワスレナグサ

学名：*Myosotis sylvatica*
ムラサキ科／秋まき一～二年草
草丈：20～40cm
開花期：4～5月（蓼：5～6月） ○ ❄

春の庭になくてはならない花。一面に青い波のように咲いているのは見ごたえがありますし、チューリップなどの足元をやわらかく彩る働きもします。バラクラでは秋に毎年2000株ほども植え込みますが、この花が少ないと春が寂しい気がします。

アメリカハナズオウ'フォレストパンジー'

学名：Cercis canadensis 'Forest Pansy'
マメ科／落葉小高木
樹高：3〜5m
開花期：4〜5月（蕾：4〜5月）

春にローズ色の小さな花を枝いっぱいにつけ、花が終わるとハート形の濃いバーガンディカラーの葉が目を楽しませてくれます。葉色は夏を過ぎるころから徐々にグリーンをおび、その色の変化にも魅了されます。耐寒性、耐暑性に富み、丈夫でどんな土壌でもよく育ってくれます。

サンシュユ

学名：Cornus officinalis
ミズキ科／落葉小高木
樹高：3〜5m
開花期：3〜5月（蕾：4〜6月）

ウメやモクレンと並ぶ早春の代表的な花木です。葉が芽吹く前に明るい黄色の花がかたまってたくさん咲くと、あたりがぱっと輝いて気持ちまで明るくなるようです。秋にはグミに似た赤い楕円形の実をつけますが、たくさんの鈴をぶら下げているようで、これもまたかわいいものです。

メギ

学名：Berberis thunbergii
メギ科／落葉または常緑低木
樹高：1〜2m
開花期：4〜5月（蕾：5〜6月）

小さな葉を密につける低木で、銅葉や緑葉、黄緑色の種類があります。大きめのグラウンドカバーやリーフプランツとして扱われていますが、うつむくように咲く春の花や秋の赤い実もかわいらしく、長期間にわたって楽しめるでしょう。枝や葉のつけ根には鋭いとげがあります。

銅葉メギ
芽出しの時期の銅葉が夏には黒紫色に変わり、秋には赤く紅葉しますが、どの季節も美しい。

メドウ近くの小道沿いの芝生に、いまを盛りと咲き誇るヤエザクラ。足元にはチューリップ'ブルーダイアモンド'とビオラを植え、小さく縁取りました。

サクラ

学名：*Cerasus*
バラ科／落葉中高木　樹高：2〜10m
開花期：3〜4月
（蓼：4〜5月）　　　〇 ❀ Ⓗ

サクラは日本人の心のふるさと。この花が咲くと庭は一気に華やぎ、春本番を迎えます。バラクラでは樹高の低いフジマメザクラやあでやかなヤエザクラ、甘い香りのあるウワズミザクラなど、いろいろなサクラを植えています。花色も淡いピンクや濃いピンク、グリーンとバラエティー豊か。いろいろなサクラを観賞したいという目的もありますが、種類がたくさんあるとそれぞれの花期が少しずつずれ、すばらしい季節を長く楽しめるというわけ。イングリッシュガーデンでの花見もすてきです。

ウコンザクラ
うこん色とは淡い黄緑色をさします。珍しい花色の八重咲きのサクラでホワイトガーデンにもぴったりです。

ウジョウザクラ
庭の中ほどの芝生に高くそびえて、大きく枝をしならせながら、流れるようにピンクの花を咲かせます。

ヤエザクラ
色が濃く、ぽってりとした花を咲かせます。開花と同じころに葉が出ます。

ボトムボーダーガーデンの枕木の小道沿いで、シャクナゲがボリューム感たっぷりに葉を茂らせ、ピンクの花を咲かせます。

セイヨウシャクナゲ

学名：*Rhododendron hybridum*
ツツジ科／常緑低木
樹高：50〜180cm
開花期：4〜5月（蕾：5〜6月）

庭の骨格を作る植物として使いたい常緑の低木。日本を含むアジア原産の植物ですが、ヨーロッパで改良、育種がなされました。日本のシャクナゲより花が大きく、花色も豊かです。イギリスでも広く親しまれていて、子どもたちがこの花をつなげてネックレスを作る童謡もあります。

白花種
形よく茂る低木は庭の格好の添景物。革質の緑の葉と純白の花の対比もきれいです。

ツツジ

学名：*Rhododendron*
ツツジ科／常緑または落葉低木
樹高：50〜180cm
開花期：4〜5月
（蓼：5〜6月）

さまざまな種類がありますが、繊細な樹姿で淡い色の落葉性ツツジがバラクラには似合うようです。2009年のチェルシーフラワーショーで、私の庭の中にクロフネツツジを植え込みました。遅咲きのチューリップとこの花がいっしょに咲く春爛漫の景色もすてきです。

サラサドウダンツツジ
ストライプ模様の小花をたくさんぶら下げたかわいらしい姿。秋の紅葉もきれいです。

クロフネツツジ
淡い紫ピンクが気品を漂わせる落葉性のツツジで、洋風ガーデンにもマッチします。

ボケ

学名：*Chaenomeles speciosa*
バラ科／落葉低木
樹高：1〜2m
開花期：3〜4月
（蓼：4〜5月）

日本、中国原産の落葉低木で、短い枝に紅色の花をびっしりと咲かせます。イギリスでも人気のある花木のひとつで、レンガ塀に添わせて植えられているのを見かけます。生長は遅く、バラクラでは20年前に植えたものでもいまだにコンパクトな姿のまま。ピンクや白の種類もあります。

レストラン「ジャルディーノ」入り口の板塀の前に咲くボケとチューリップ'ブルーダイアモンド'。

'ロイヤリティー'
赤紫色の花が咲いた様子。葉と一体化して見逃されがちですが、しっかりと見てあげたい。

マルス

学名：*Malus*
バラ科／落葉小高木
樹高：1〜8m
開花期：4〜5月（蓼：5〜6月）

'プロフュージョン'
渋い色みの葉と赤い実が庭の引き締め役に。日本でももっと活用したいものです。

別名クラブアップル。花や実を観賞するヒメリンゴの仲間で、欧米では庭園用の樹木として親しまれています。バラクラでも開園時にマルス'ロイヤリティー'を輸入し、育ててきました。黒みがかった赤紫色の葉と花がとてもシックで、秋の黒紅色の小さな実も楽しみです。

春の木々のやわらかい緑や、シラカバの白い樹皮を背景に、マルス'ロイヤリティー'の銅葉がよく映えて、奥行きのあるシーンをつくりだします。

モクレン

学名：*Magnolia campbellii*
モクレン科／落葉高木　樹高：2〜15m
開花期：3〜4月
（蓼：4〜5月）

海外でも人気の落葉高木で、大きな花をぽっかりと空に向けて咲かせる春告げ花のひとつです。日本ではモクレンといえば紫のシモクレンが一般的ですが、バラクラではカンプベリイのピンク花種を植えています。樹形がよくやわらかな雰囲気があり、おすすめです。

ピンク花種
日本では珍しいピンクのモクレン。ふっくらした形と花色がうきうきしげです。

パビリオンを向こうに望む芝生に咲くピンクのモクレン。足元に置いたブルーのツリーベンチが、雰囲気づくりに一役買っています。

レンギョウ

学名：*Forsythia suspensa*
モクセイ科／落葉低木
樹高：1〜2m
開花期：4〜5月（蓼：4〜5月）

弓なりの枝に黄色い花をたくさん咲かせて、春を知らせるシャワーのよう。この花が満開になると陽気な気分になってしまいます。一般には公園などで生け垣のように列植されることが多いのですが、バラクラでは落葉高木の間に植えて自然風に見えるように工夫しています。

夏
Summer

初夏から夏、バラクラの庭はロマンティックなバラや元気なハーブたちが次々に花を咲かせます。満を持して咲く花たちのエネルギーにあふれた、一年でいちばん麗しい季節です。

アルケミラ・モリスやアンチューサなどが咲く初夏のハーブガーデン。背後にはポール仕立てにしたつるバラの'ランブリングレクター'が、白い花を滝のように咲かせて涼やかさを添えます。

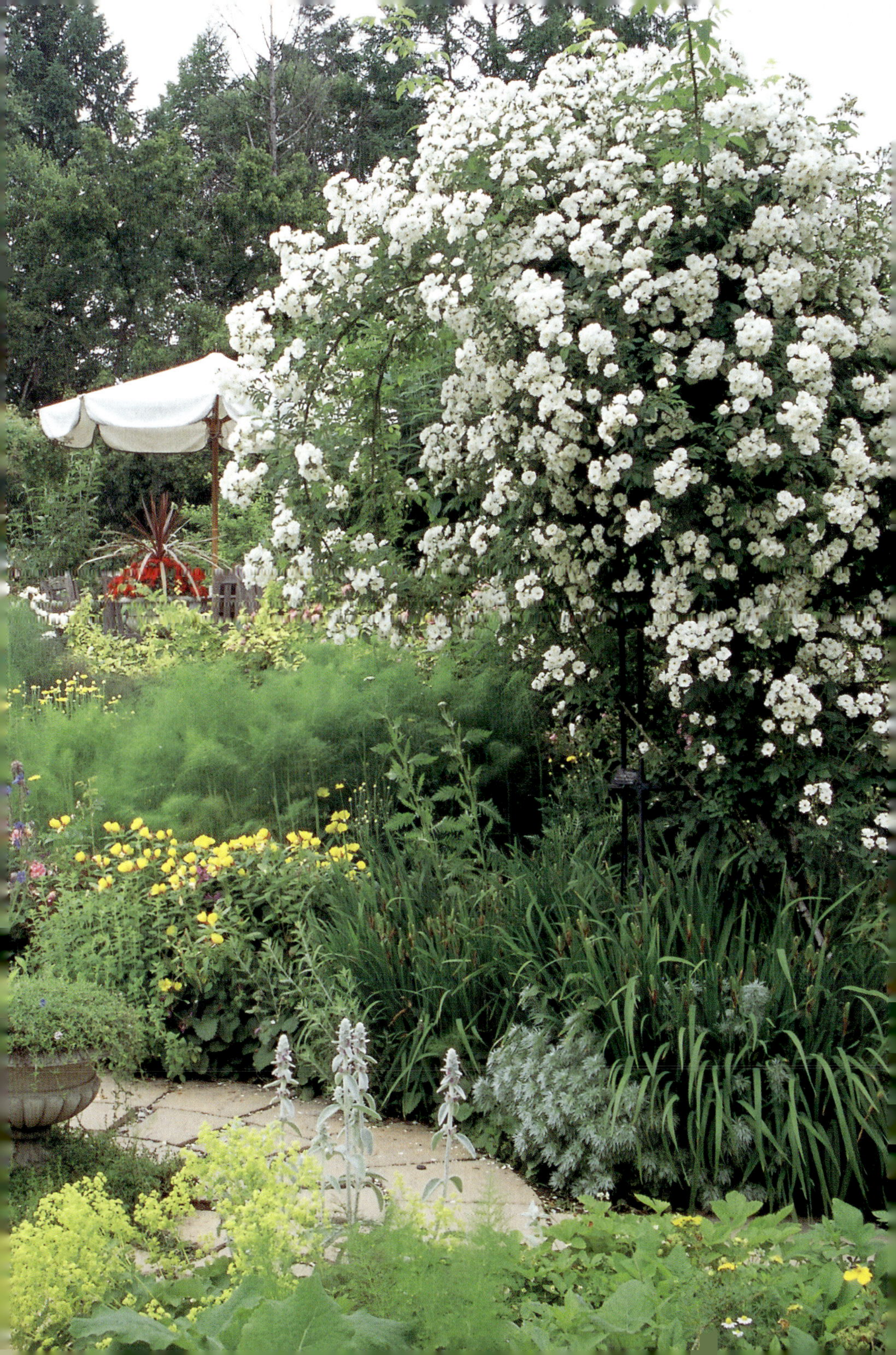

バラ'スーパーエクセルサ'と、アリウム・ギガンチウム。小さなバラが咲く愛らしいシーンに、球形のアリウムが個性と深みを与えているようです。

ギガンチウム
小さな花が集まり、花序と呼ばれる魅力的な球を形づくります。リーフの茂みから球が飛び出すおもしろみが。

クリストフィー
シルバーパープルの花色と、星がきらめくような独特の花形です。

アリウム

学名：*Allium*
ネギ科（ユリ科）／秋植え球根
草丈：30〜150cm
開花期：4〜6月（蓼：5〜6月）

アリウムには多くの種類がありますが、バラクラではバラが咲きだすころに、大きなネギ坊主のようなギガンチウムが見せ場を作ります。紫色の球形の花は深みと動きを兼ね備え、平面的な花々の中に植えると庭をぐんとおもしろく立体的に見せてくれる効果があります。その魅力を引き出すためにはずらりと一列に並べるのではなく、ランダムに点々と散らして植えてみてください。

'マウントエベレスト'
白花種だけをドットのようにランダムに植え込んだコーナー。ホワイトガーデンにぴったりです。

バラクラ開園当初、英国から球根を輸入し、検疫をパスするのがたいへんでしたが、いまではこんなに一面に。

イングリッシュブルーベル

学名：*Hyacinthoides non-scripta*
ヒヤシンス科(ユリ科)／秋植え球根
草丈：10〜25cm
開花期：5〜6月（蓼：5〜6月）

青いベル形の小花をうつむくように咲かせます。イギリスやスコットランドの人々がいとおしむ花で、この花を歌った唱歌もあります。かの地の森に咲く清らかな情景に憧れて、バラクラでも10万球は植えたでしょうか。いまではたくさん咲いていますが、それでも繊細な風情です。

クロコスミア

学名：*Crocosmia*
アヤメ科／春植え球根
草丈：60〜100cm
開花期：7〜8月（蓼：7〜8月）

細い葉の間から茎を伸ばし、その先に小さなグラジオラスのような花を穂状につけます。古くから日本の一般家庭の庭にも植えられ、特に目立つわけではないけれど、どこかで決まって咲いている……。そんな懐かしさを誘う花なのです。丈夫で花もちがよいのもうれしい点です。

ユリ

学名：*Lilium*
ユリ科／秋植え球根　草丈：50〜120cm
開花期：6〜8月
(蓼：6〜8月)　○ ❄ H

豪華な花形と多彩な花色が魅力で、初夏から夏の庭で抜群の存在感を発揮します。楚々とした野生種や、花が上向きに咲くアジアティックハイブリッド系、横向きか下向きのオリエンタルハイブリッド系などがあり、品種もたくさん。バラクラには白やピンクを基調としたオリエンタルハイブリッド系が似合うように思いますが、夏の青空の下で黄色のユリが咲くシーンも活気があって、心が躍ります。ユリは最後のつぼみまで開いてくれる律儀なところが好ましく、切り花でも長く観賞できます。

バラ'ローブリッター'（下）と、'ブラッシュノアゼット'（上）の間に咲く、ユリ'サーモントゥインクル'。ピンクからサーモンピンクのやさしいカラーコーディネートです。

'サーモントゥインクル'
オレンジ色をおびたサーモンピンクの花と、銅色の茎葉がおしゃれに調和します。

'スイートサレンダー'
大輪の白い花が群がるように咲く様子はとてもゴージャス。

'マルタゴン'
ハーブガーデンの低木の下でひそやかに咲く小さなユリ。可憐な姿ながらどこか野趣味も感じさせます。右はピンク花種で、左は白花種。

'カサブランカ'
大輪のオリエンタルハイブリッド系で夏の庭の女王の貫禄。香りもすばらしい。

'ピンクタイガー'
くすんだサーモンピンクの花色とブロンズ色の茎が大人っぽい雰囲気。白い小花の中にこうした花があると庭がぐんとシックになります。足元に咲くのはアストランティア。

Lily Variation
ユリ バリエーション

オリエンタルハイブリッド系は白やピンクの大輪で芳香種が多く、日当たり〜半日陰を好みます。アジアティック系は黄色やオレンジ色などの濃い花色が多く、日当たりを好みます。近年はこれらを交配した園芸種が次々と出回り、さまざまな品種のグループが誕生しています。

'シトロネラ'
夏の青空に輝く黄色のシャンデリアのよう。
ひとつひとつの花はスリムなので、たくさん
まとめて植えたほうが断然すてきです。

アガパンサス

学名：*Agapanthus*
ネギ科(ユリ科)／耐寒性多年草
草丈：30〜150cm
開花期：4〜8月
(蓼：6〜9月)

青紫色の小花を集めた涼やかな花姿。蓼科では戸外での冬越しが難しいため鉢に植え、足元をナスタチウムなどで覆います。

長く伸びた茎の先に、青紫の花を花火のように咲かせるエレガントな花。温暖な地方では地植えにできますが、蓼科ではコンテナ用の植物として扱っています。高さとボリューム感がある植物なので、強く印象づけたい場所にフォーカルポイントとして使うと効果的です。

アカンサス・モリス

学名：*Acanthus mollis*
キツネノマゴ科／耐寒性多年草
草丈：1〜1.2m
開花期：5〜6月　(蓼：6〜8月)

庭の骨格を作るアーキテクチャルプランツの代表格。古くは古代ギリシャの神殿の意匠としても用いられました。アザミのような葉も雄大な花穂も堂々たる風情で、こうした植物があると庭がキリリと締まります。一般的なもののほか、黄緑葉の品種もあります。

Summer-Perennial

アストランティア

学名：*Astrantia*
セリ科　耐寒性多年草
草丈：40〜80cm
開花期：5〜7月（蓼：6〜7月）

あまり目立ちませんが、よく見るとガラス細工を思わせる美しさ。花びらのように見えるのは苞（ほう）と呼ばれる部分で、中心にあるのが花びらです。花色は緑がかった白やピンクがあります。関東では夏の暑さで蒸れることが多いのですが、蓼科ではよく育って大株になります。

エレムルス

学名：*Eremurus*
ツルボラン科（ユリ科）　耐寒性多年草
草丈：30〜180cm
開花期：5〜7月（蓼：6〜7月）

大きな花穂の形がキツネのしっぽを連想させることから、フォックステールリリーの呼び名も。咲き始めのころの、まだ穂先がとがっている姿で、バラの間からにょきにょきと咲いてくる様子は、とてもおもしろみがあって興味をひかれます。花が下から順に咲き上がるので、花期が長いのも特徴。寒さや乾燥に強く蓼科ではよく咲きますが、高温多湿は苦手。

'クレオパトラ'
落ち着いたオレンジ色の花が全部咲くと、ブラシのような形になります。

睡蓮の池に近い一画で、ユリやバラの茂みの間から顔を出したエレムルス。開花途中のとがった花穂がユニークで、このコーナーでいちばん人目をひいています。

アルケミラ・モリス

学名：*Alchemilla mollis*
バラ科／耐寒性多年草
草丈：40〜50cm
開花期：6〜7月（夢：6〜8月）

葉が女性のマントの形に似ているので、レディースマントルとも呼ばれます。黄色系の花がこのようにふんわりとした草姿の植物は多くはなく、同時期に咲くバラの株元もきれいにカバーし、ブルー系の花ともよく調和します。葉に朝露がころんと丸くのっているのも美しいものです。

オリエンタルポピー

学名：*Papaver orientale*
ケシ科／耐寒性多年草
草丈：70〜100cm
開花期：5〜6月（夢：5〜6月）

宿根性のポピーで、薄紙細工を思わせる大輪の花を咲かせます。花弁の基部に黒い斑点が入り、葉や茎にかたい毛があることからオニゲシの名でも呼ばれます。背丈が高めなので、ボーダーの中ほどにフウロソウなどといっしょに植えると、野の花のような自然な風情にまとまります。

ガウラ

学名：*Gaura lindheimeri*
アカバナ科／耐寒性多年草
草丈：80〜110cm
開花期：7〜9月（夢：7〜9月）

チョウが羽を広げたような花の形から、ハクチョウソウの別名が。すらりと伸びた茎は人株になるとやや広がりますが、ちょっと乱れたそのラインがすてきで、いい景色をつくってくれます。繊細な花姿にしてはとても丈夫で、夏の暑さにもめげずに初秋まで咲き続けます。

初夏のハーブガーデンに咲くアリウムや、白やピンクのヤロウなど。石貼りの小道を縁取るのはアルケミラ・モリス。

黄色のポテンティラと合わせた、くっきりとした配色。ブルー系がアンチューサの基本色で、白の品種もあります。

アンチューサ

学名：*Anchusa*
ムラサキ科／耐寒性多年草、一〜二年草
草丈：20〜60cm
開花期：4〜6月（蓼：5〜7月）

アフリカ南部が原産地で花の形がワスレナグサに似ていることから、別名はアフリカワスレナグサ。花径5mmほどの青紫やブルーの小花を茎に沿ってたくさん咲かせます。バラクラではハーブガーデンにほかの草花と混植していますが、これだけを数株まとめて植えてもきれいです。

キショウブ

学名：*Iris pseudacorus*
アヤメ科／耐寒性多年草
草丈：60〜150cm
開花期：6〜7月（蓼：6〜7月）

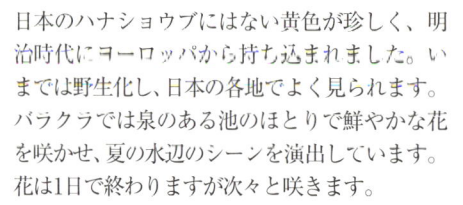

日本のハナショウブにはない黄色が珍しく、明治時代にヨーロッパから持ち込まれました。いまでは野生化し、日本の各地でよく見られます。バラクラでは泉のある池のほとりで鮮やかな花を咲かせ、夏の水辺のシーンを演出しています。花は1日で終わりますが次々と咲きます。

エキナセア

学名：*Echinacea*
キク科／耐寒性多年草
草丈：50〜100cm
開花期：6〜10月
(蓼：5〜10月)

頭状花といわれる中心のとがった部分と、垂れ下がる花弁の形がユニーク。紫ピンクのパープレアが一般的ですが、八重咲き種や白花、赤花などの種類も登場してにぎやかになりました。暑さ寒さに強く、バラクラでは秋ごろまで咲き続けます。ガーデンにぜひともほしい花のひとつといえるでしょう。なるべく株分けをしないで大株に育てると、ぐんと見ごたえが出ます。

ひとかたまりの白のエキナセアに、オレンジ色のトリトマが色彩をプラス。夏のグフベルガーデンを彩る個性的な面々です。

パープレア
サプリメントとしても市販されています。頭状花が残り、長く楽しめます。

'ホットパパイヤ'
八重咲きの園芸品種で、明るいオレンジ色から赤へと咲き進みます。

'ピンクダブルデライト'
草丈は50cmほどと小型ですが、色鮮やかな八重咲きで、花が大きく豪華。

初夏のグラベルガーデンでバラ'サーポールスミス'やエキナセアなどがのびのびと花を咲かせて。ベンチに腰をおろし、花々のオーラに包まれたい気分に。

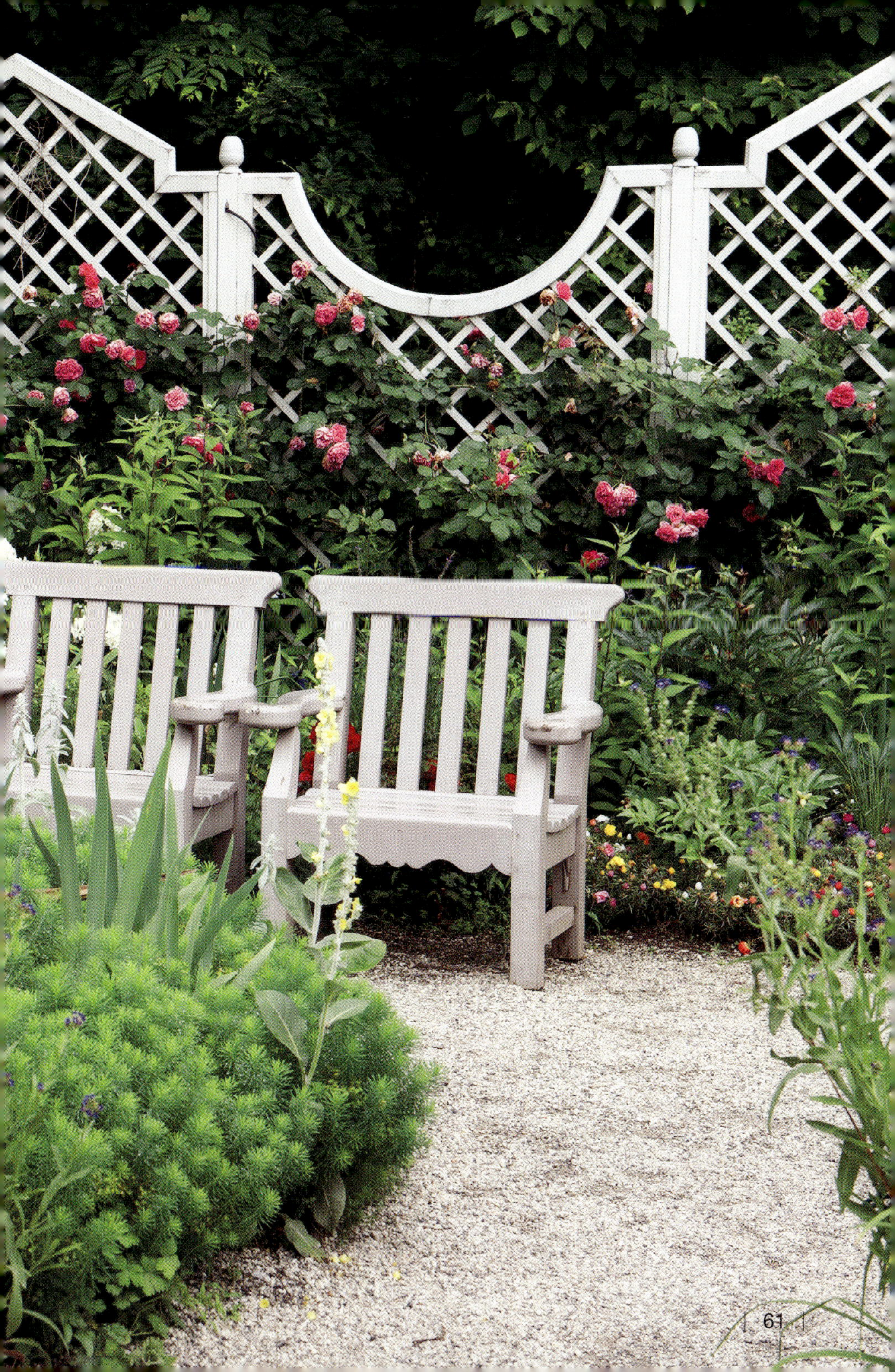

カンパニュラ

学名：*Campanula*
キキョウ科／耐寒性多年草、
春まき一〜二年草
草丈：15〜200cm
開花期：5〜8月
（蓼：6〜9月）

春の花が終わってバラが咲くまでの、花が少しとぎれそうな時期に、つぼみを次々に上げて咲きだすのがこの花。種類が多く草丈もさまざまですが、共通するのは釣り鐘のような花の形です。這い性のものはロックガーデンに、中〜高性はボーダーの中段に数株まとめてというように、草姿に合った植栽を心がけます。

ラプンクロイデス
草丈は1mほどで、細い茎にびっしりと花を咲かせます。たくさんの株をマスに咲かせるとみごとです。

'ブルーウォーターフォール'
草丈20〜30cmの矮性種。茎は伸びるにつれてしだれ、コンテナにも向きます。

白花種
ピュアホワイトのやさしい姿はどんな草花ともよく調和し、ボーダーガーデンにぴったりです。

ピンク花種
ピンクはケマンソウの基本カラー。茎もほんの少し赤みをおびます。

ケマンソウ

学名：*Dicentra spectabilis*
ケシ科／耐寒性多年草
草丈：60〜75cm
開花期：4〜6月
（蓼：4〜6月）

小さなハート形の花をぶら下げるように咲かせる花の形がユニークかつやさしげで、バラクラのテキスタイルの意匠のひとつにもなっています。タイツリソウとも呼ばれます。細いアーチを描く茎も、切れ込みの入る葉も優雅な雰囲気があり、大株に育てたい植物のひとつです。

Summer-Perennial

ギボウシ

学名：*Hosta*
リュウゼツラン科（ユリ科）／耐寒性多年草
草丈：30〜70cm
開花期：5〜6月
（斑：5〜7月）

葉を観賞するリーフプランツは数々あれど、これほど気軽に栽培できてしかも美しいものは、そう多くはないでしょう。グラウンドカバーにもなるし、大株になれば庭の骨格としての役割も果たします。初夏に伸ばした茎の先に白や薄紫の花を咲かせ、芳香を漂わせるものも。日陰を好み、特に斑入り葉の種類は日陰を明るく演出したいときに欠かせません。

チェルシーフラワーショー出場の神様のくださった庭の板塀の前に、葉が印象的なグラウンドカバー植物を集めたコーナーが。黄緑色の斑入り葉のギボウシが存在感を発揮。

'ハルシオン'
ブルーがかった緑葉に、くっきりと入る葉脈がユニーク。薄紫色の花を咲かせます。

'寒河江'
緑色の葉に黄色の覆輪の斑が入る大型のギボウシ。初夏には茎を伸ばして薄紫色の花を咲かせます。直射日光を嫌うので木陰や北側に向きます。

クレマチス

学名：*Clematis*
キンポウゲ科／落葉つる性多年草
つる長：1〜5m
開花期：5〜10月（蕾：5〜10月）

イングリッシュガーデンで、バラとともに欠かせない優雅な花といえばクレマチスでしょう。花色や花形、高さもさまざまなつる性植物で、長く伸びる枝を効果的に誘引することで、庭に驚くようなスケール感と気品が備わるように思います。バラクラのエントランスにある21世紀ドームを覆うのは、ピンクのモンタナ'ルーベンス'。花にはバニラのような甘い香りがあります。また、東側のボーダーガーデンの板塀に沿った小道では、いろいろなブルー系のクレマチスに出合えます。

ジャックマニー

つやのある濃い紫色のクレマチス。原種ではありませんが、多くの交配種の親として使われています。足元に咲くのはブルーのフウロソウ。

Summer-Perennial

モンタナ'スプーネリー'

モンタナの白花の代表格。'ルーベンス'とともに早咲きで、バラの季節の前に見せ場をつくります。

モンタナ'ルーベンス'

わずか3株がどんどん伸びて、数年で21世紀ドームのてっぺんに届くまでになりました。花つきはみごとです。

東側のボーダーの板塀に咲くジャックマニー。間には明るい色のペチュニアや、ナスタチウムのハンギングを飾ってコントラストをつけています。

フラミュラ

夏から初秋にかけて白の小花を雪のように咲かせ、豊かな香りを漂わせます。

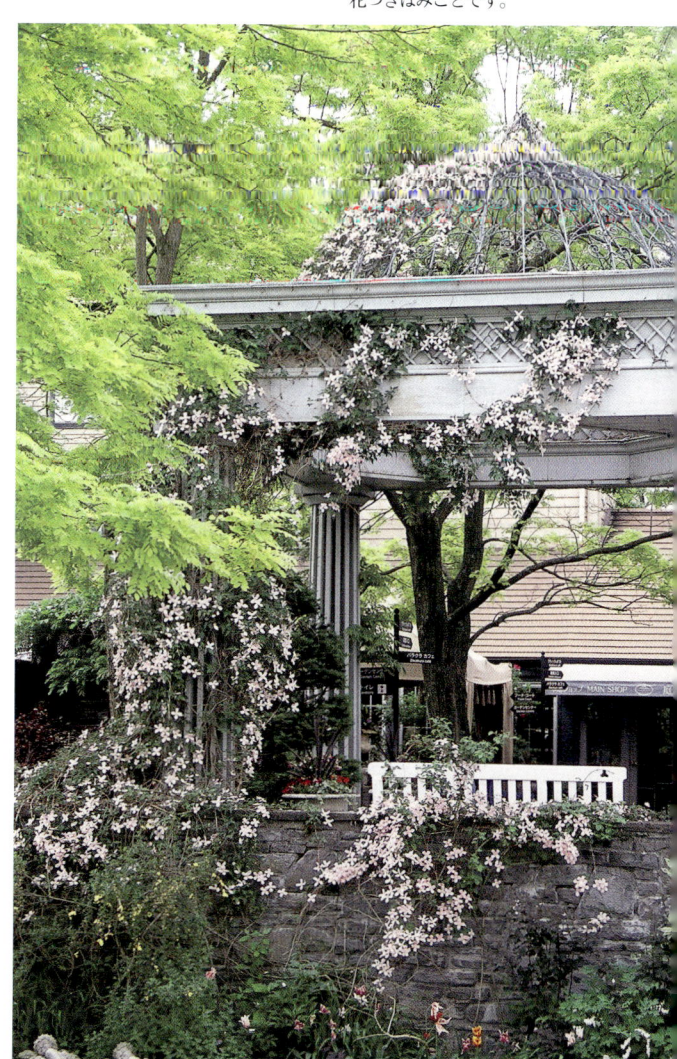

木々の緑がいっそう色を濃くする夏、庭の東の石積み花壇や木塀沿いのボーダーでは、ユリやクレマチス、モナルダなどが自由気ままな風情で咲き競います。

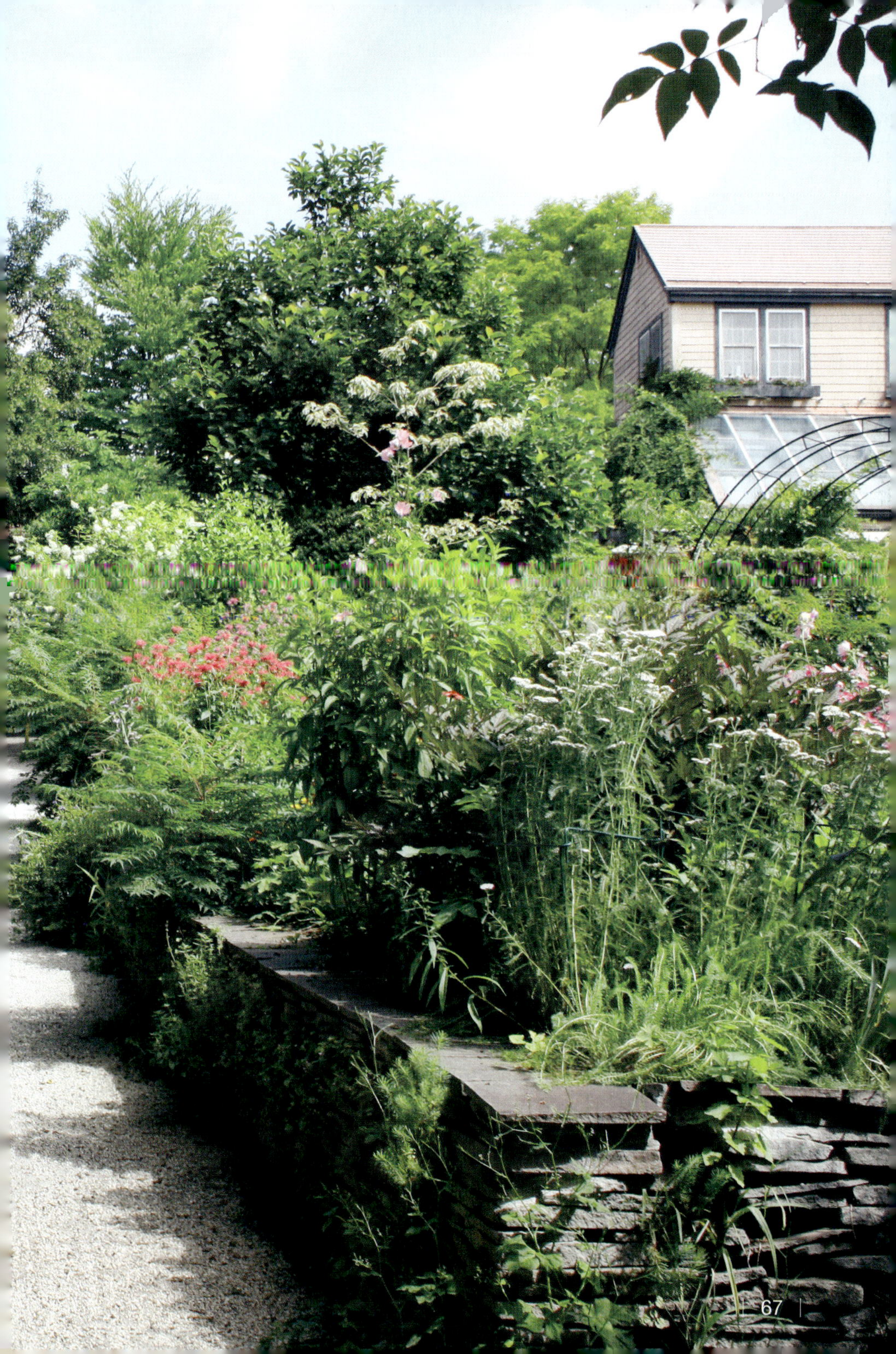

キョウガノコ

学名：*Filipendula purpurea*
バラ科／耐寒性多年草
草丈：60〜150cm
開花期：6〜7月（蓼：6〜7月）

古くから和風庭園に植えられ、茶花にも使われてきましたが、洋風のナチュラルガーデンにもよく合います。ボーダーの中ほどに植えるとこんもりと茂り、赤紫色の粒々のつぼみが開いてふんわりとした花のかたまりに。素朴でやさしい風情をプラスしたいときに役立つでしょう。

グンネラ・マニカタ

学名：*Gunnera manicata*
グンネラ科（アリノトウグサ科）／耐寒性多年草
草丈：2〜3m
開花期：6〜7月（蓼：6〜7月）

世界でいちばん大きい葉をもつ植物といわれ、英国の庭園では必ずといっていいほど水辺に植えられています。バラクラでは睡蓮の池で堂々とした姿を見せ、初夏には根元から大きな穂状の花を咲かせます。寒冷地の蓼科では冬越しがひと苦労で、ワラを山のように積み上げて保護します。

シャクヤク

学名：*Paeonia*
ボタン科／耐寒性多年草
草丈：1.2〜1.5m
開花期：5〜6月（蓼：5・6月）

ぽってりとした美しい姿で香りもすてき。大輪八重咲きの品種はバラかと思うほど豪華です。開花期がバラの少し前なので庭の主役をつなぐ役目も果たし、こういう植物も庭では貴重です。いろいろな品種がありますが、庭植えでは雨に強いものを植えるとよいでしょう。

コリウス

学名：*Coleus blumei*
シソ科　半耐寒性多年草、
春まき一年草
草丈：20～80cm
観賞期：7～10月
（蓼：7～10月）

夏から秋に欠かせないリーフプランツのひとつで、エキゾチックで複雑な模様の葉が特徴。バラクラでは木の下に植えたり、コンテナの寄せ植えに利用したりします。また、夏の暑さで花壇の草花が欠けてしまったような場合、コリウス単独でゴニアとともに植え込んでカバーすることもあります。

21世紀ドームへと続くエントランスに飾った、コリウスの寄せ植え。ボリューム感豊かな草姿とカラフルな色彩でよく目立ちます。

'ゴリラ'

左が'ゴリラ スカーレット'、右が'ゴリラ サーモンピンク'。従来のコリウスより葉が大きく、夏から秋まで長く楽しめます。

ジギタリス

学名：*Digitalis*
コマノハグサ科　耐寒性多年草、二年草
草丈：1～1.5m
開花期：5～6月（蓼：6～7月）

初夏のガーデンに絶対に必要な花のひとつで、特にバラの茂みの中に植えるとよく調和します。ボーダーの後方や、庭でのびのびとした野性味がほしい場所にも欠かせません。アプリコットなどの花色もありますが、庭の中ではオーソドックスな紫ピンクが合わせやすいように思います。

白花種

濃い緑の葉からスリムな穂を伸ばし、純白の花を咲かせます。キリリと端正な表情です。

バラ＋ジギタリスはイングリッシュガーデンの定番です。同系色でかため、白をアクセントに。

ジャーマンアイリス

学名：*Iris germanica*
アヤメ科／耐寒性多年草
草丈：60〜120cm
開花期：5〜6月
（葉：6〜7月）

ヨーロッパ原産のアイリスを交配した園芸種。アイリス類の中で最も花色が豊富で、下垂する大きな花弁も豪華。シャクヤクと同様にバラのシーズンの前に彩り豊かに咲いて、見ごたえのあるシーンをつくります。バラエティーに富んだ花色を生かして何色かをとり混ぜて演出するのが一般的ですが、シーンごとに1色でかためてもすてきです。

シックな敷石に囲まれた一画に、色鮮やかな植物をぎゅっと詰め込んで。ジャーマンアイリスのフルフルとした花弁が印象的。

青紫、黄のジャーマンアイリスと赤のルピナスやダイアンサスが咲くハーブガーデン。カラフルな色彩が、キャンディーの箱を開けたときのような楽しい気分をもたらします。

Summer-Perennial

'エバクルーン'

ダリアが咲くロングボーダーガーデンで、ピンクの'エバクルーン'がびっしりとした花穂をもたげて、見る人をひきつけます。

ピンク花種

オイランソウの別名があり、日本でも古くから栽培されています。

宿根フロックス

学名：Phlox paniculata
ハナシノブ科／耐寒性多年草
草丈：60〜120cm
開花期：7〜8月（蓼：7〜9月）

子どものころから目にしてきた懐かしい夏の花で、花壇やボーダーに欠かせません。直立した茎の上に小さな花をたくさん集めてピラミッド状に咲きます。花には甘い香りがあり、夕方によく香ります。うどんこ病にかかりやすいので、日当たりと風通しのよい場所に植えましょう。

宿根リナリア

学名：Linaria purpurea
ゴマノハグサ科／耐寒性多年草
草丈：60〜80cm
開花期：5〜9月（蓼：5〜9月）

かわいらしい一年草のリナリアと違い、草丈が高くなって穂状に咲き、野の花のような印象です。茎は線状に伸びて葉も細く、ボーダーの中ほどから後方に植えると風にそよいで、庭に風情をもたらしてくれるでしょう。丈夫でこぼれダネからも咲いてきます。

ピンク花種
ピンクの中輪の花。朝日とともに花弁を開き、つやつやした大きな葉も光を受けてきらめきます。

白花種
清らかな白花種。スイレンは花色が豊富で、赤、黄、青、紫などもあります。

スイレン

学名：*Nymphaea*
スイレン科／耐寒性または非耐寒性水生多年草
草丈：30〜50cm
開花期：5〜10月（蕾：5〜9月）

画家のモネも愛した水生植物。地下茎から水面に茎を伸ばし、夏から秋にかけてピンクや赤、白、黄色の花を咲かせます。水辺に華やぎをもたらしてくれるほか、水を浄化し自然の循環を促す作用もあるとか。深さ30cmほどの大きな鉢に植え、鉢ごと睡蓮の池に沈めて栽培しています。

タイタンビカス

学名：*Hibiscus* hyb.'Taitanbicus'
アオイ科　耐寒性多年草
草丈：1.5〜2m
開花期：7〜9月（蕾：7〜9月）

アメリカフヨウとモミジアオイを交配した新しい植物で、日本の大半の地域で冬越しができます。暑さ寒さに強く、どんな土壌でも咲き、庭でとても役に立つ植物といえるでしょう。花は1日でしおれますが次々と咲いてきて、夏から秋のバラクラに欠かせない存在になりつつあります。

'ブライトレッド'
ローズレッドの花弁はつやをおびてあでやか。次々と枝を出し、人の背丈ほどにも伸びます。

睡蓮の池のほとりで、バラ'ローブリッター'やツユクサがこぼれ咲き、涼しい水辺に彩りを添えます。

半日陰になるシダレザクラの足元のコンテナに植えたストレプトカーパス。バラクラの定番シーンとなっています。

ストレプトカーパス

学名：*Streptocarpus*
イワタバコ科／非耐寒性多年草
草丈：10〜25cm
開花期：5〜10月（蓼：6〜10月）

自然風にもモダンにも演出できる、使いがってのよい鉢植え用植物です。バラクラではシダレザクラの下がこの花の定位置となっています。青紫の小さな花は気高さを感じさせ、花びらが芝生に散り敷く様子もはっとする美しさ。寒さに弱いため、冬は室内やビニールハウスで管理します。

タチアオイ

学名：*Alcea rosea*
アオイ科／耐寒性多年草
草丈：60〜150cm
開花期：7〜9月（蓼：7〜9月）

ボーダーを構成する背の高い植物として欠かせない印象的な花で、夏に大きな花を穂状に咲かせます。株は年々大きくなり、花つきもよくなります。花形は一重咲きや八重咲きがあり、また花色もアプリコットやブラックなどもあって個性的。ホリホックの名でも呼ばれます。

'ニグラ'
つやつやとした黒い花弁が神秘的な、人気の高い品種。ガーデンでよく目立ちます。

タリクトラム

学名：*Thalictrum aquilegiifolium*
キンポウゲ科　耐寒性多年草
草丈：50～100cm
開花期：7～8月（蓼：7～8月）

山野草のカラマツソウの仲間で、夏に小さな丸いつぼみからふんわりと開花します。花びらは細く繊細で、満開時は霞がかかったよう。花色はピンクや白で、一重咲きと八重咲きがあります。やや湿った半日陰を好み、イギリスではボーダーに植えられているのを見かけます。

'ホワイトクラウド'
名前のとおり、ふわふわとした雲のような花を咲かせる八重咲きの品種です。

チャイブ

学名：*Allium schoenoprasum*
ネギ科（ユリ科）／耐寒性多年草
草丈：20～30cm
開花期：6～7月（蓼：6～7月）

アサツキに似た細い線状の葉を地際からたくさん出し、初夏にころころとしたかわいい花を咲かせるハーブです。葉や茎にネギのような香りがあり、スープの浮き実やオムレツの具に利用できます。乾燥した涼しい場所を好み、一度根づけばほとんど栽培の手間がかかりません。

トリトマ

学名：*Kniphofia*
ツルボラン科（ユリ科）／耐寒性多年草
草丈：60～150cm
開花期：6～10月（蓼：7～10月）

長くしっかりとした花茎を伸ばし、筒状の小花を穂状に咲かせます。トーチを思わせる花姿から、トーチリリーとも呼ばれます。こうしたユニークな花姿の植物がアクセントとなり、庭を個性的に見せてくれるのです。1株だけ植えるより、数株をまとめて植えるほうが見ばえがします。

'ブレッシンハムコメッド'
オレンジのたいまつのようなトリトマと、後ろの紫色のアリウム・ギガンチウム。対照的な花形と花色のとり合わせがモダンな印象です。

圧倒的な緑に包まれる初夏のハーブガーデン。葉色がオーロラのように重なり、バラやジャーマンアイリス、アリウム、アルケミラ・モリスなどが花を咲かせます。

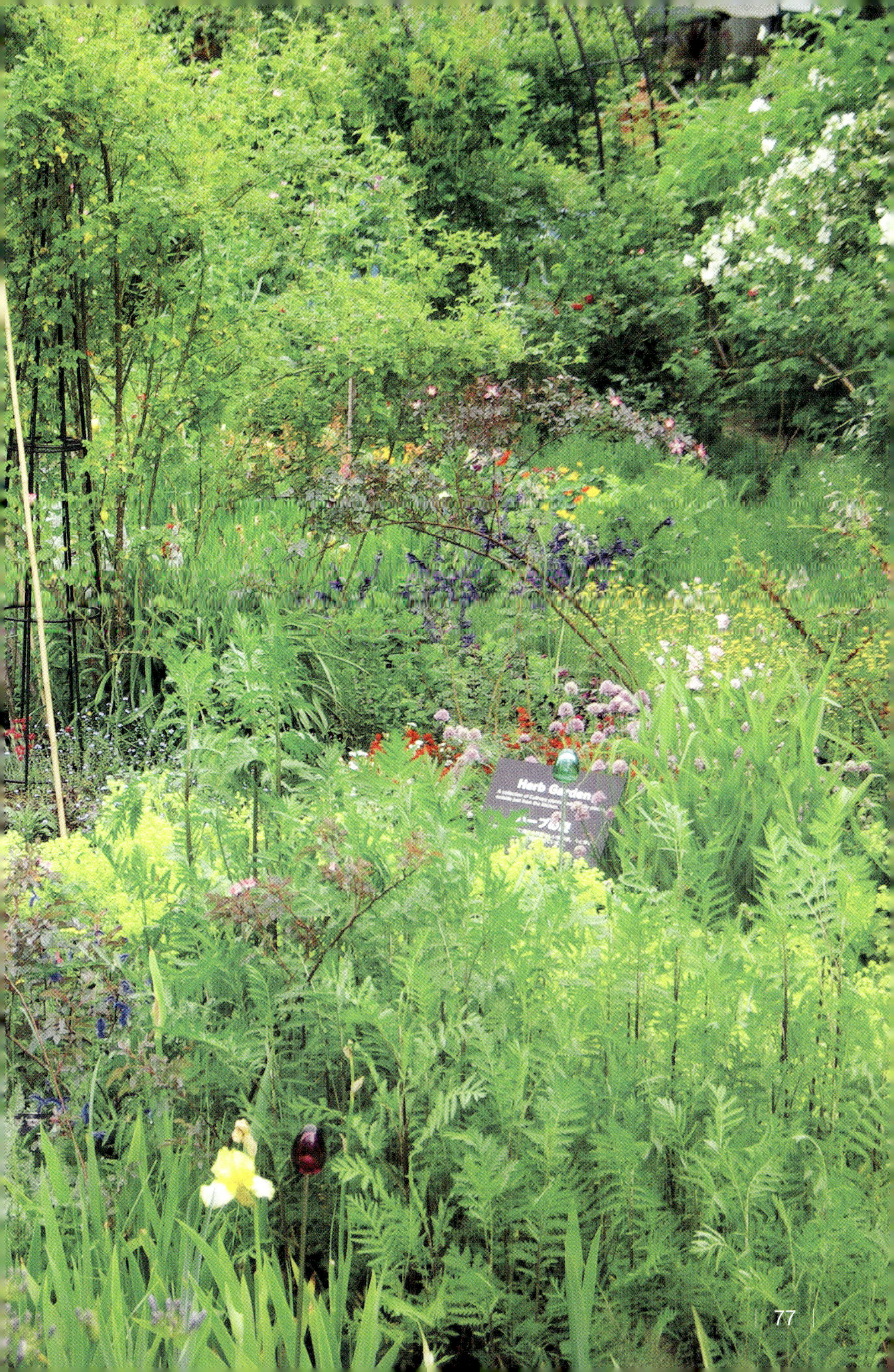
Herb Garden

'シックスヒルズ
ジャイアント'

大型のキャットニッ
プ。バラクラのシン
ボルのひとつ。キン
グサリのトンネルの
足元をブルーの花が
包みます。

ファーセニー

花色が濃いめで葉
はややシルバーを
おびます。ブルー
キャットミントの
名で流通。

ネペタ

学名：*Nepeta*
シソ科／耐寒性多年草
草丈：60〜90cm
開花期：4〜6月（蓼：5〜7月）

いろいろな種類がありますが、よく使われているのはキャットニップやキャットミント。種を区別せずにキャットミントと呼ばれることもあります。基本色は青紫ですが、白やピンクの花も。花期が長く、草丈とボリューム感もほどよいため、ほかの植物とよく調和します。

バーベナ・ボナリエンシス

学名：*Verbena bonariensis*
クマツヅラ科／耐寒性多年草
草丈：約1m
開花期：6〜8月（蓼：6〜9月）

二尺バーベナという別名のとおり、細い茎が伸びて1mほどになります。茎の先で枝分かれし、小花のかたまりをポンポンと咲かせます。風にそよぐ清楚な雰囲気もありますが、ほかの植物の間からひょっこりと顔を出して咲く様子はどこかユーモラス。丈夫でやせた土地でも育ちます。

バーバスカム

学名：*Verbascum*
ゴマノハグサ科／耐寒性多年草、二年草
草丈：1.0〜2m
開花期：7〜8月（蕾：7〜8月）

シルバーグレーのフェルト状の葉から茎が伸び、分枝した茎に沿って明るい黄色の花がつきます。背が高く全体にふわふわとした感触があるため、ガーデンで人目をひくのに十分。丈夫で日当たりのよい乾燥ぎみのやせた土壌を好み、敷石の間にこぼれたタネから芽を出して咲くこともあります。

グラベルガーデンの砂利道のかたわらに咲くバーバスカム。灰緑色の葉茎にはフェルトのような質感があります。

プレクトランサス'モナラベンダー'

学名：*Plectranthus* 'Mona Lavender'
シソ科／非耐寒性多年草
草丈：50〜70cm
開花期：7〜10月（蕾：7〜10月）

南アフリカ原産の植物。濃い色の葉の上にラベンダー色の花を群がるように咲かせる姿は独特で、ミステリアスな雰囲気に満ちています。葉の裏側は銅色をしていて、リーフプランツとしても魅力的。暑さには強いのですが、耐寒性が弱いためコンテナ用植物として扱っています。

フウロソウ

学名:*Geranium* フウロソウ科/耐寒性多年草
草丈:30〜70cm
開花期:4〜9月(夏〜9月)

日本に自生するゲンノショウコなどの仲間で、欧米や日本で交配された園芸種もたくさんあり、ゲラニウムの名でも流通しています。深く切れ込んだ葉も、青や白の楚々とした花も繊細な雰囲気があり、イングリッシュガーデンの代表的な植物といえるでしょう。特にボーダーではいろいろな植物をつないだり、すき間を埋める役割をみごとに果たします。こんもりとした美しい茂みを作って、夏じゅう花を咲かせます。

アケボノフウロ
かわいらしいピンクの花を咲かせ、株はよく広がってグラウンドカバーになります。

クロバナフウロ
小さな黒紫色の花がとてもシック。草丈は70cmほどと高めで、花壇に向きます。

'ジョンソンズブルー'
フウロソウ人気の火つけ役で、透明感のあるブルーに癒やされた人も多いでしょう。

'ロザンネイ'
バイオレットブルーの優雅な花。茎を伸ばしながらゆるく広がっていきます。

'スプリッシュスプラッシュ'
白の花弁に青紫色のストライプが入ったり、2色に咲き分けたり。その模様に魅了されます。

Summer-Perennial

ハーブガーデンで、羽毛状の葉を茂らせるブロンズフェンネル。

フェンネル

学名：*Foeniculum vulgare*
セリ科／耐寒性多年草
草丈：90〜110cm
開花期：7〜8月
（蕾：7〜9月） ○ ❄ H

ふわふわとしたやわらかな草姿のハーブで、強い香りと甘い風味のある葉は魚料理やサラダに利用されます。葉は糸のように細く、夏には黄色の小花が集まってレースのような花房をつけます。花壇の中でほかの草花と混じり咲いていると、羽のような独特の姿が際立って心に残ります。

黄色の小花をたくさん集め、かさのような花序を形づくります。花はサラダやスープの飾りにも。

ブロンズフェンネル
葉は銅緑色で大人の雰囲気があり、ハーブとしても、観賞用としてもよく利用されます。

'シュガー
フロスティング'
銀葉にグレーの
太い葉脈が入り、
葉は季節によっ
てブロンズをお
びることも。

ヒューケラ

学名：*Heuchera*
ユキノシタ科／耐寒性多年草
草丈：20〜50cm
開花期：5〜6月（蓼：5〜6月）

カラーリーフプランツとして、コンテナや花壇でよく使われています。ライムやブロンズ、斑入りなどの葉色が魅力で、庭をシックに見せる名脇役といったところ。夏には茂った葉の間から小花を穂状に咲かせます。近縁種にティアレラや、それとの交配で誕生したヒューケラなどがあります。

'シャンハイ'
光沢のある銀紫色の葉に小花をたくさん咲かせ、アンティークな風情を感じさせます。

ブルンネラ

学名：*Brunnera*
ムラサキ科／耐寒性多年草
草丈：30〜50cm
開花期：4〜6月（蓼：5〜6月）

ハート形の葉と、そこに浮き出る葉脈が特徴的なカラーリーフプランツです。春には茎の先に小さなブルーの花をつけますが、ワスレナグサにも似てかわいらしくきれいです。夏の直射日光に弱いので、落葉樹の下や半日陰の場所に植えるとよいでしょう。シェードガーデンにもぴったりです。

マクロフィラ
ブルンネラといえばシルバーリーフをイメージしますが、明緑色の葉も清楚ですてきです。

'ジャックフロスト'
葉には霜がかかったような独特の質感があり、淡いブルーの花を咲かせます。

ベニバナサワギキョウ

学名：*Lobelia cardinalis*
キキョウ科／耐寒性多年草
草丈：約1m
開花期：7〜9月（藝：7〜8月）

紫色をおびた長い茎の先に、緋色の小花をたくさん咲かせてガーデンを彩ります。草丈が高く花色が鮮やかなので、ボーダーの骨格を作るとともに色彩のポイントにもなります。ボーダーに必ずとり入れたい植物のひとつといえるでしょう。花期が長いのもうれしい点です。

ヘメロカリス

学名：*Hemerocallis*
草丈：40〜60cm
開花期：6〜8月（藝：6〜7月）

日本に自生するキスゲやそれをもとにした園芸種があり、黄色や赤のほか、園芸品種では白、ピンク、オレンジや複色など、バラエティー豊かに花色がそろっています。花は一日花のためデイリリーとも呼ばれますが、次々に開花して2週間ほど楽しめます。

ニッコウキスゲ
自生種。2002年のチェルシーフラワーショーでは、この花をとり入れ、準金賞を受賞しました。

ヘリオプシス

学名：*Heliopsis*
キク科／耐寒性多年草
草丈：50〜80cm
開花期：7〜10月（藝：7〜10月）

伸びた茎の先に、ルドベキアに似た黄色の花をたくさん咲かせます。花は八重咲きが多く、ヒメヒマワリの名で流通することも。葉にはざらざらとした感触があり、斑入りのものもあります。草丈が中程度でボーダーの中ほどで使いやすいでしょう。日当たりのよい場所を好みます。

'旭'
1本の茎に小さなヒマワリのような花をたくさん咲かせる、八重咲きの品種です。

ロンギフォリア

青紫の花穂が軽くウェーブし、庭に群生させるととてもダイナミックなシーンが生まれます。

スピカタ

茎はまっすぐ上を向き、濃い青紫の小花を密につけます。白やピンクの花色もあります。

ベロニカ

学名：Veronica
ゴマノハグサ科／耐寒性多年草
草丈：10～100cm
開花期：6～9月（夢：6～8月）

ベロニカは自生地が広く、多くの種類があります。日本では古くからルリトラノオなどが栽培されてきました。多くは小花が集まって20cmほどの穂状になり、下から咲き上がっていきます。花のラインがしなやかなので、ボーダーに群生させるとやわらかな雰囲気が生まれます。

ライアル

花弁の外側が濃い紫ピンク、内側が薄いツートンカラーで色のグラデーションがきれい。

ペンステモン

学名：Penstemon
ゴマノハグサ科／耐寒性多年草
草丈：50～80cm
開花期：6～9月（夢：6～8月）

欧米では人気があり、庭やコンテナに欠かせません。初夏～初秋まで花茎を伸ばし、筒状の花をたくさん咲かせます。赤、ピンク、紫、白など花色も豊富。草丈がほどよく、プランニングどおりの高さで咲いてくれる使いがってのよい草花なので、日本でももっと普及させたいものです。

ホタルブクロ

学名：Campanula punctata
キキョウ科／耐寒性多年草
草丈：50〜80cm
開花期：5〜8月（蕾：6〜7月）

夏の草花が最盛期を迎える前から咲いて、季節のすき間を埋める花。伸ばした茎の先に紫や白の釣り鐘形の花を咲かせます。日本に自生種がありますが、花が大きくて見ばえのする園芸種がよく利用されています。日当たりから明るい半日陰の、水はけのよい場所でよく育ちます。

'サラストロ'
細い茎の先に、大きめの青紫の花を4〜5個咲かせます。

カシメリアナム
草丈は低めで、細くしなやかな茎に小さなラッパ形の花をたくさん咲かせます。

ポレモニウム

学名：Polemonium
ハナシノブ科／耐寒性多年草
草丈：10〜60cm
開花期：5〜6月（蕾：6〜7月）

紫やピンク、白の小さな花と羽のような葉をもつ多年草で、繊細な雰囲気がイングリッシュガーデンに似合います。最近は銅葉の品種も登場し、カラーリーフプランツとしても利用されるようになりました。丈夫で耐寒性もありますが、夏の蒸れを嫌うので落葉樹の下などに植えるとよいでしょう。

カエルレウム
草丈60cmほどで1本立ちの株姿なので、何株かまとめて植えるとボリュームが出ます。

カエルレウム'アルバ'
白花ハナシノブの名でも流通しています。青花種と同じく、数株をまとめて植えています。

粒々のコーンを密につけたような実がなります。夏は緑色ですが徐々に色づき、秋には赤く熟します。

黒紫色の仏炎苞がマムシの舌のよう。その中にひも状の花を咲かせます。

マムシグサ

学名：*Arisaema serratum*
サトイモ科／耐寒性多年草
草丈：30～50cm
開花期：4～6月
（葉：6～7月）

紫褐色のまだら模様のある茎も、中央のカーブした仏炎苞（ぶつえんほう）も、マムシをイメージさせます。日本の森や谷あいに自生する山野草ですが、形のおもしろさにひかれるマニアもいるとか。バラクラではイベントホールの手前の茂みの中に自然に咲いています。根と葉に有毒物質を含みます。

マロウ

学名：*Malva*
アオイ科／耐寒性多年草
草丈：1～1.5m
開花期：7～8月
（葉：7～10月）

長く伸びた茎に沿って花径3cmほどのピンクや紫の花を咲かせます。コモンマロウはボーダーガーデンの最後方に植えると迫力ができます。花はハーブティーに用いられ、レモンを入れると紫からピンクに色が変わることで知られます。とても丈夫で、日当たりのよいやせた土地でよく育ちます。

コモンマロウ

マロウの基本種で別名ウスベニアオイ。ピンクの地に濃い紫色の弁脈が入ります。

ムスクマロウ

葉にお香があるのでこの名で呼ばれます。白化種もあります。

Summer-Perennial

マンデビラ'サンパラソル'

学名：*Mandevilla* 'Sun Parasol'
キョウチクトウ科／非耐寒性常緑つる性多年草
つる長：約2m
開花期：5〜10月
(蕾：5〜10月)

中南米に自生する常緑のつる性植物。'サンパラソル'は赤やピンクのラッパ形の花を初夏から秋まで長期間、咲かせます。色鮮やかで株のボリュームもあり、コンテナに欠かせませんが、気温10度以上が必要なので冬は室内にとり込みます。

'サンパラソル ビューティ レッド'
深紅のろうと形の花を次々に咲かせ、ボリューム感あふれる姿になります。

赤の'サンパラソル'やインパチエンスを、銅葉のニューサイランなどと合わせた大人の配色。

ミソハギ

学名：*Lythrum anceps*
ミソハギ科／耐寒性多年草
草丈：80〜120cm
開花期：7〜9月 (蕾：7〜9月)

すらりとした茎に、赤紫色の小花を穂状につけます。古くからお盆のお供えに使われた和の花ですが、のびのびとした草姿はイングリッシュガーデンにもよくマッチします。1株だけだと寂しい雰囲気になるので、数株をかたまりで植えて色の面を作ると見ごたえが出るでしょう。

赤紫花種
ロングボーダーガーデンに咲く、ワインカラーの品種。花が大きめで深い赤紫色が魅力です。

'ケンブリッジスカーレット'
花びらがツンツンと上を向く独特の花形と緋色の明るい色彩が好まれています。

モナルダ

学名：*Monarda*
シソ科／耐寒性多年草
草丈：90〜100cm
開花期：6〜9月（蓼：7〜9月）

葉や茎に柑橘系のベルガモット・オレンジに似た香りがあることからベルガモットとも呼ばれ、葉をティーに利用することもあります。花が段々に咲くのもおもしろく、最近では花色も多彩になりました。丈夫で耐寒性、耐暑性ともに強く、日当たりでも半日陰でもよく育ちます。

ミント

学名：*Mentha*
シソ科／耐寒性多年草
草丈：20〜100cm
開花期：7〜9月（蓼：7〜9月）

ハーブの代表的存在で、いろいろな種類があります。清涼感のある茎葉はお茶や食品に利用されています。小さな緑の葉や段々に咲く花はかわいらしいものですが、生育は非常に旺盛でほかの草花を圧倒するほど。バラクラでは鉢を地中に埋め、生長を抑制しています。

アップルミント
綿毛が生えた丸みのある葉が涼しげ。リンゴの香りがするのでお茶やお菓子に使われます。

ヤロウ

学名：*Achillea millefolium*
キク科／耐寒性多年草
草丈：50～100cm
開花期：7～8月（蓼：7～9月）

学名はアキレア。英雄アキレウスが負傷したとき、この草を塗り忘れた唯一の場所がアキレス腱だ、という伝説をもつハーブ。小花が集まってかさ状になり、花色は豊富です。セイヨウノコギリソウの和名のとおり、葉には切れ込みが入ります。丈夫で暑さ寒さによく耐えます。

ピンク花種
淡いピンクの花。ボーダーの中ほどに植えるとやさしい風情が演出できます。

'ビーコンシルバー'
葉にフロストシュガーのような斑が入り、濃いピンクの花を咲かせます。

ラミウム

学名：*Lamium*
シソ科／耐寒性多年草
草丈：15～50cm
開花期：5～6月（蓼：6～7月）

ほふく性で多くは葉に白の斑が入り、草丈は低めでグラウンドカバーにも使われます。日本ではバラクラに導入したのが最初と思われますが、当時は花が咲くことも知りませんでした。日本の風土に合い、半日陰でも咲き、いまではとてもポピュラーになりました。

'ガレオブドロン'
明るい緑の葉にまだらに斑が入ります。花は黄色で草丈は高めです。

'ピンクパール'
葉の中央にシルバーグレーの斑が入る、淡いピンクのやさしい花。

リアトリス

学名：*Liatris*
キク科／耐寒性多年草
草丈：60〜180cm
開花期：6〜9月（蓼：7〜8月）

なぜかこの花を敬遠する人がいるのですが、スパイク状の花形がユニークで、庭のデザインに変化をもたらしてくれます。植えてみれば絶対に必要な植物だとわかるでしょう。つぼみが上から下へと次々に咲き進んでいくので、花期も長く楽しめます。暑さ寒さに耐え、とても丈夫。

'コボルド'
日本では珍しい品種で、紫ピンクのふさふさとした花穂をつけます。

リシマキア

学名：*Lysimachia*
サクラソウ科／耐寒性多年草
草丈：10〜80cm
開花期：6〜7月（蓼：6〜7月）

ほふく性のヌンムラリアや、背の高いキリアータ'ファイヤークラッカー'など多くの種類があります。同じ仲間とは思えないほど葉色や草姿に違いがあるので、個性を見きわめてからとり入れるようにしましょう。日当たりから日陰まで育つ、使いがってのよさも魅力です。

'ミッドナイトサン'
ブロンズ色の葉が地を這うように伸びる、寄せ植えに使いやすい品種です。

ルバーブ

学名：*Rheum rhabarbarum*
タデ科／耐寒性多年草
草丈：1〜2m
開花期：5〜7月（蓼：5〜6月）

大きな葉と太い茎をもつハーブで、ハーブガーデンにインパクトを与えます。茎が赤紫に色づくものと緑色のものがありますが、どちらも日によく当てると赤みが強くなります。イギリスではとてもポピュラーで、多くの家庭で茎を使った自家製ルバーブジャムを食べています。

リグラリア

学名：*Ligularia*
キク科／耐寒性多年草
草丈：40～120cm
開花期：7～9月
(蓼：7～9月)

いろいろな種類がありますが、ツワブキのような草姿でキクに似た花をつけるデンタータと、穂状に花をつけるプルツェワルスキーが一般的。どちらも葉の形が個性的でリーフプランツとしても近年、注目を集めています。湿りけのある場所を好み、水辺でも育ちます。暑さに弱いので、半日陰や日陰が向きます。

プルツェワルスキー
葉は明るい緑で深い切れ込みが入り、極小の黄色の花が下から上へと穂状に咲き上がります。

デンタータ
切れ込みのある大きな葉の間から茎を伸ばし、黄色のふさふさとした花を咲かせます。

ルドベキア

学名：*Rudbeckia*
キク科／耐寒性多年草、春または秋まき一年草
草丈：30～80cm
開花期：7～10月
(蓼：7～10月)

夏～秋にかけて咲く草花の代表格で、一重や八重咲き、小輪や大輪とさまざまな種類があります。黄色の花弁が垂れ下がるヒルタがポピュラーで、株はほどよく茂って野の花のような自由な風情があります。ボーダーになくてはならない存在といえるでしょう。花後に残る花芯もすてきな秋の風景。アレンジにも重宝します。

トリロバ
ヒマワリを小さくしたような、花径3～5cmほどの黄色の小花を株いっぱいに咲かせます。

ヒルタ
チョコレート色の花芯と垂れ下がる花弁が印象的な、夏花壇の主役。

ルピナス

学名：*Lupinus*
マメ科／耐寒性多年草、
秋まき一〜二年草
草丈：60〜150cm
開花期：5〜6月
（蕾：5〜6月）

長い茎にチョウのような花をびっしりとつけた、ゴージャスな姿に目を奪われます。切れ込んだ葉とカラフルな花とのコントラストも魅力的で、バラクラのガーデンにも植えているのですが、冬の寒さにやられてしまうことが多くて残念。カナダやイギリス北部でこの花が一面に咲いているすばらしいシーンを見たことがあり、本来は寒さに強い植物といえます。

ラッセルルピナス

雄大な花穂と多彩な花色が特徴。上は黄色と青紫の色を対比させ、下はピンクだけをかたまりに植えたもの。

ルリタマアザミ

学名：*Echinops ritro*
キク科／耐寒性多年草
草丈：80〜100cm
開花期：7〜8月（蕾：7〜8月）

直径3〜5cmの青紫のボール状の花は清涼感満点。上のほうで分枝してポンポンと花を咲かせます。シルバーグレーのギザギザの葉はスタイリッシュですが、縁がとげ状になっていて触ると痛いのが難点でしょうか。つぼみの状態で切ってドライフラワーにしてもすてきです。

ジャーマンカモマイル

学名：Matricaria recutita
キク科／秋まき一年草
草丈：30〜60cm
開花期：5〜7月（蓼：5〜6月）

黄色の花芯をもつ白い可憐な花で、バラクラのハーブガーデンでもふわふわとした細い茎を風にそよがせています。花にはリラックス効果があるとされる青リンゴのような香りがあり、ハーブティーに利用されます。株が茂りすぎると蒸れてしまうので、刈り込んで通風をよくします。

スコッチアザミ

学名：Onopordum acanthium
キク科／春まき一〜二年草
草丈：1.8〜2m
開花期：5〜7月（蓼：6〜7月）

鋭いとげで敵国の侵入者を防いだことから、スコットランドの国花とされています。高さ2m近くにもなる堂々とした姿で、茎の上部で枝分かれしてブルー系の花を咲かせます。花径は10cmほどと日本のアザミより大きく、シルバーグリーンの葉とよく調和します。広い庭におすすめ。

トレニア

学名：Torenia fournieri
ゴマノハグサ科／春まき一年草
草丈：20〜30cm
開花期：5〜9月（蓼：5〜10月）

冷涼な蓼科でも夏から秋まで咲き続けます。花の形がかわいらしく花色や葉色がいろいろあるので、ほかの草花とのコーディネートが楽しめ、コンテナによく使われます。株がこんもりと茂り、ほふくするタイプもあるので、花壇の隠したい部分をちょっとカバーするのにも便利。

'クラウン ローズ'
ローズピンクのラッパ形の花で花弁の底は白。自然に分枝してこんもりと茂ります。

中央の芝生から、ロングボーダーと木々の緑をとおしてレストラン「ジャルディーノ」を望む情景。ダリア、ユリ、コリウスが花のベルトを織りなします。

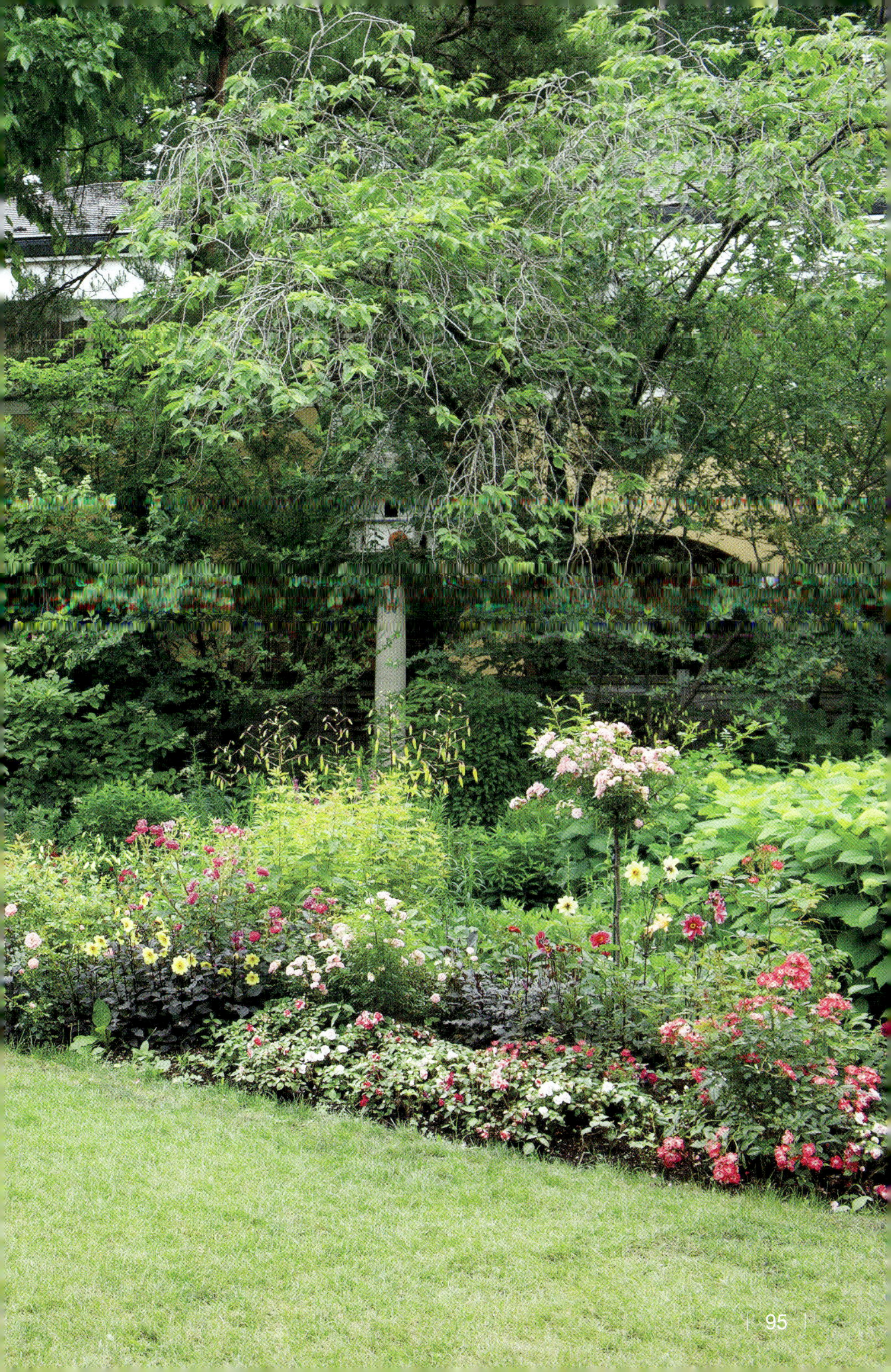

ショップの前に置かれた大きなウェッジウッドのコンテナには、季節の花の寄せ植えが、あふれるように咲いているのは色とりどりのインパチエンス。

インパチエンス

学名：*Impatiens walleriana*
ツリフネソウ科　春まき一年草
草丈：20～40cm
開花期：5～10月（蕾：5～10月）

花つきがすばらしく、一重もあればバラのような八重咲きもあり、初夏から秋まで咲くという申し分のない夏の草花。日当たりでも半日陰でも咲くのも大きなメリットといえるでしょう。霜がおりなくなってから定植し、定期的に液肥を与えるのが長くきれいに咲かせるコツです。

'オレンジフラッシュ'、'アップルブロッサム'
上がオレンジ色の花弁に白いフラッシュが入る八重咲きの'オレンジフラッシュ'。下がピンクの濃淡がきれいな'アップルブロッサム'。

スイスチャード

学名：*Beta vulgaris* var. *cicla*
アカザ科　甘よったは秋まき一年草
草丈：25～40cm
開花期：8～10月（蕾：8～10月）

軸が赤やオレンジ色、黄色などになる野菜。葉は縮れて、銅葉と緑葉があります。イギリスでは庭にこうした個性的な野菜を植えるのが流行っています。サラダや炒め物に使えますが、あまりにきれいなのでなかなか収穫する気になれません。栽培は容易でコンテナにも向きます。

ナスタチウム

学名：*Tropaeolum majus*
ノウゼンハレン科　春まき一年草
草丈：20～40cm
開花期：5～10月（蕾：5～10月）

伸ばした茎の先にオレンジ色や黄色の花を咲かせます。花には一重、半八重、八重咲きがあり、葉に斑が入るものもあります。丸い葉の上で朝露がころころと転がっている様子はほほえましいもの。直まきでよく育つので、花壇のいろいろなところにタネをまいて楽しみましょう。

クレオメ

学名：Cleome
フウチョウソウ科／
春まき一年草
草丈：80～100cm
開花期：7～10月
（蕾：7～9月）　○ H

茎の先にたくさんの小花が集まって咲きます。おしべとめしべが長く突き出る独特の花形は、チョウが飛んでいるかのように印象的で、しかも1本の花穂が長く楽しめるため、バラクラでは必ずとり入れる夏の花となっています。ピンクや白のほか、濃い紫色の品種もあります。

白花種
クレオメは花弁が少し離れてつくので、さわやかな風情があります。

ピンク花種
花弁にうっすらと濃淡があり、花壇にやさしい雰囲気をプラスしたいときに便利です。

ピンク花種
濃いローズ色の球形の花は、ガーデンに散らしたドットのよう。千日紅というだけあって、長く咲きます。

'バイカラーローズ'
ピンクの花の上部に白のぼかしが入る、ニュアンスのある花色です。

センニチコウ

学名：*Gomphrena globosa*
ヒユ科／春まき一年草
草丈：30～60cm
開花期：7～10月
（蕾：7～10月）　○ H

赤や紫色の球状の花は、シンプルでかわいらしい雰囲気。花期が長く、夏のバラクラに欠かせない花といえるでしょう。意外なことに、群植するとボーダーの中で色のかたまりとして目立ちます。白、オレンジ色などいろいろな花色がありますが、役立つのはローズ色でドライフラワーにしてもきれいに色が出ます。

グラベルガーデンでは、クレオメ、アンチューサ、アリウム、ヘメロカリスなど、いろいろな花の色と形が混じり合い、リズミカルな夏の情景を奏でます。

ツゲのトピアリーを中心に、いろいろなマリーゴールドとニチニチソウ、ヘデラなどを植え込んだコンテナ。

八重咲き種
オレンジ色の八重咲きのマリーゴールド。暑い夏でも元気に咲き続けます。

マリーゴールド

学名：*Tagetes*
キク科／春まき一年草
草丈：30〜100cm
開花期：6〜10月（蕾：6〜10月）

花壇に、コンテナに使いやすい夏の花。花形、花径はさまざまで巨大輪の品種もありますが、花が大きいと風雨で花首が折れてしまうこともあり、花壇では中輪種が使いやすいでしょう。ストライプやマーブル模様の品種はコンテナを個性的に見せます。独特のにおいが虫よけになり、根には土中のセンチュウを防除する効果があるといわれます。

ロベリア'アズーロコンパクト'

学名：*Lobelia erinus* 'Azzurro Compact'
キキョウ科／一年草
草丈：20〜30cm
開花期：4〜10月（蕾：5〜10月）

細い茎がふわふわと伸び、ハンギングバスケットに植えるとブルーの波のように広がってとてもすてき。従来のロベリアは雨に打たれると草姿がつぶれるのが悩みでしたが、この品種は雨に強く、さらに夏越しも容易です。夏のコンテナに欠かせないペチュニアとの相性も抜群です。

'アズーロコンパクト スカイブルー'
淡いブルーの涼しげな花。風にそよぐ姿に心が癒やされます。

ウインドーボックスに広がるペチュニアと、下垂するヘデラ。上に向かうニューサイランがアクセントをつけて。

ペチュニア'ファントム'
ベルベットのような黒い花弁に、萌緑色のストライプが入る斬新な花色。

ペチュニア、カリブラコア

学名：Petunia、Calibrachoa
ナス科　春まき一年草
草丈：10～50cm
開花期：6～10月（蕾：6～10月）

どちらも夏のコンテナガーデンの主役といえる花で、カリブラコアは小輪多花性のペチュニアの仲間です。花形と花色が豊富で、ほふく性のものはみごとな花の波を作ります。バラクラでは寄せ植えによく使いますが、何を合わせるかが腕の見せどころ。ナスタチウム、トレニア、インパチエンス、フクシアなどは特によく合います。

カリブラコア'ティフォシー'
左はオレンジ色に黄色の覆輪の'ティフォシー スター'、右は赤紫の花弁と黄色のコントラストが鮮やかな'ティフォシー パープル'。

レースガーデンを抜け忍と、出迎えてくれるのはバラ'ドロシーパーキンス'のトンネル。たわわな花房が夢見心地の散策に誘います。

バラ

学名：*Rosa* バラ科／落葉または常緑低木、
落葉または常緑つる性木本 樹高：0.1～10m
開花期：4～10月
（蔓：6～10月）

バラは単一で植えるより、ほかの植物や構造物と組み合わせてこそ美しさが際立つもの。それぞれの性質に合った場所に植え、個性が発揮できる見せ方をしてあげましょう。たとえば這う性質のバラを木に登らせても、バラのストレスが増すだけできれいには咲けません。株立ちのタイプは多年草などと混植するとより美しく見えますが、その際は色の調和に気をつけます。また、香りもバラの大きな魅力です。芳香に包まれるような植え方も考えましょう。

ランブラーローズ

小さめの花を密集して咲かせ、季節をみごとに彩ってくれます。生長力が旺盛でよく伸びるのでパーゴラや長い塀など、大型の構造物に這わせるとよいでしょう。しなやかな枝が風に揺れるという特性を生かして誘引すると、すばらしい景色がつくれます。

'ドロシー パーキンス'
開園当初の英国人プランツマンのリストに忠実に植えたものですが、枝がしなやかで花色の美しさは何ものにも代えがたく、そのすばらしさを実感。

'アルバーティン'
花茎がしなやかでうつむいて咲く風情がすてき。深みのある色合いの大輪の花が密集して咲き、外壁や大きなアーチを覆うのにぴったりです。

'アルベリックバルビエ'
クリーミーホワイトの花は、開くと花形が少しくずれるようになり、楽しませてくれます。やせた土地でも、日当たりが悪くても花を咲かせます。

'ヴェイルヒエンブラウ'
別名 'バイオレットブルー'。モーブに白のフラッシュが入る花色がおもしろく、さめたような独特の風合いが。アーチに使うと印象的。

モダンシュラブ&クライマー

クライマーはつる性で、ツンマーほどは伸びません。モダンシュラブは小型のつるバラとして使え、コンパクトなものはコンテナにも適します。バラクラでは作出年が古く、オールドローズの風情のあるモダンシュラブやクライマーを咲かせています。

'サーポールスミス'
デザイナーのポール・スミス氏に、妻が捧げた花。よく茂るふさふさとした葉に、青みをおびたローズ色の大輪花があでやかに調和します。

'コンスタンススプライ'
美しい大輪カップ咲き。枝はしなやかで長く伸び、花が重さで少しうなだれますが、その特性を生かして壁に這わせると優雅な情景がつくれます。

'バレリーナ'
可憐なピンクの一重咲きで中心に白が入ります。小枝の先に花が密集し、コンテナや小さな庭にもぴったり。秋にも花が咲きます。

'ローブリッター'
ころころとしたカップ形のかわいい花。枝が横に張りグラウンドカバーになりますが、長くなりすぎずコンパクトにまとまります。

'アルケミスト'
花色がアプリコットオレンジからピンクに変化し、花形もやさしい丸弁からソフトなロゼット咲きに。その変化に魅了されるつるバラです。

'ランブリングレクター'
白い花や葉をもつ植物を集めた
レースガーデンのアーチに雪を
降らせたように咲く'ランブリ
ングレクター'。繊細なシーン
を織りなします。

可憐なピンクの'ブラッシュランブラー'。プライベートハウスの壁をつたい、窓辺を花で覆い尽くします。

'ブラッシュランブラー'
房咲きの愛らしい花ですが、生長力は旺盛でやや日陰でも花を咲かせます。

みずからの重みで少ししだれながら古い板塀をつたい、ロマンティックなシーンをつくりだします。

原種系バラ

一重から八重咲きまで花形が豊富で、野に咲くバラの風情をとどめています。多くは一季咲きですが、その分、花に勢いを感じます。花後はかわいい実をつけ、秋に紅葉するものも。実や葉のおもしろさを庭でどう生かすか、考えるのも楽しいことです。

ロサ・エグランテリア
別名スイートブライヤー。葉に青リンゴの香りがあり、ふれると香りが立ちのぼります。秋には大きく魅力的なローズヒップが実り、ティーなどの材料にも使われます。

ロサ・ルゴサ アルバ
白い一重の大きな花で、強い香りがあります。花が終わると大きな赤い実をつけ、秋には葉が黄色に変化。一季咲きですが、楽しみが長く続きます。

ロサ・キフツゲート
イギリスのキフツゲート館で発見されたつるバラで、リンゴに似た可憐な白い花がかたまって咲きます。生育が旺盛なので広い場所に向きます。

秋、オレンジ色の実をつけたロサ・キフツゲート。小鳥がこの実を好み、枝の中に巣を作ることも。

ロサ・ポーリアイ
枝が横に伸びるのでグラウンドカバーに向きます。暗い茂みの中に咲く花は白く浮き立ち、派手ではないのになぜか心ひかれてしまうのです。

その他のオールドローズ

さらにさまざまな花形と香りが魅力。バラクラでは系統にこだわらず、庭の雰囲気に合うものを選びます。注意したいのはやはり花色で、たとえば青みのあるバラはひとかたまりにして青いベンチのそばに植えるなどと、入念な色彩プランを練っています。

'ウイリアムロブ'
バラクラ開園当初から植えられてきたモスローズで、深い紫の花色に魅了されます。花には強い香りがあり、モスのがく片まで香ります。

'バリエガータディボローニア'、'ミセスヤマダ'
'バリエガータディボローニア'（左）は香りのよいストライプのブルボン系。'ミセスヤマダ'（右）はその枝変わりで、2002年にピーター・ビールス氏によってバラクラで発見され、母の名がつけられたもの。

'バロンジロードレイン'
花弁の先をハサミで切ったような形がユニーク。深みのある紅色の花弁の先に白の覆輪が入るのも印象的です。ハイブリッドパーペチュアル系。

'バフビューティー'
アプリコットの花色も花形もほかにはあまりなく、連続して咲きます。丈夫で育てやすく、バラクラでもっとふやしたいと思っている品種です。ハイブリッドムスク系。

'ローザリーデルベイ'
次々に花が咲いてとげが密集するので、生け垣におすすめ。ピーター・ビールス氏が「砂糖をまぶしたアーモンド」と表した香り。ハイブリッドルゴサ系。

'ポールズヒマラヤンムスク'
集まってまりやくピンクに見える。淡い花色の小花がガゼボをふんわりと覆います。やさしい風情で、どんな草花とも調和します。ランブラーロース。

バラが最盛期を過ぎよ
うかというころ、ロン
グボーダーガーデンで
は、パイナップルリリ
ーやアベリアが少しずつ白
い花を咲かせ、空間を
次へとつないでいきま

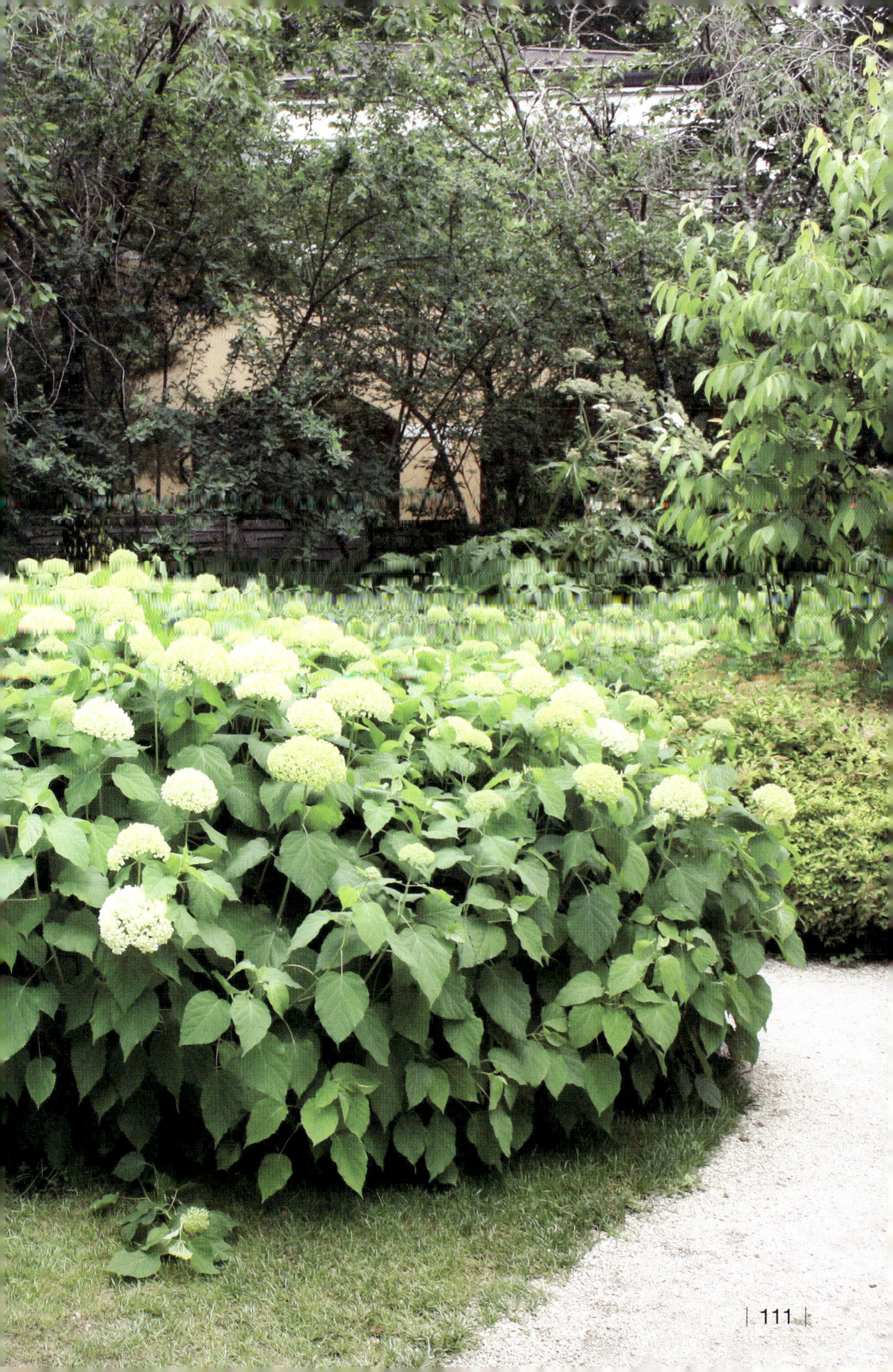

アジサイ

学名：*Hydrangea macrophylla*
アジサイ科(ユキノシタ科)／落葉低木
樹高：50〜200cm
開花期：5〜7月（蕾：6〜7月）

多くの種類があり、日本ではガクアジサイが変化したアジサイが古くから親しまれてきました。欧米で改良された花色が豊富なセイヨウアジサイも庭や鉢植えによく使われます。装飾花が集まった量感のある花房は、木もれ日の小道や半日陰の場所にしっとりとした風情を与えます。

青花種
ブルーの色がいつまでも残り、ドライフラワーになってもきれいなペーパークラフトのよう。

オオベニウツギ

学名：*Weigela florida*
スイカズラ科／落葉低木
樹高：2〜3m
開花期：5〜6月（蕾：6〜7月）

しなやかな枝に、紅色やピンクのラッパ形の花を咲かせる落葉低木。バラクラの高木の下の少し日陰になる場所で、この淡いピンクの花が咲くと、周囲がふんわりとワントーン明るくなるように感じます。香りもとてもよく、シェードガーデンにおすすめしたい低木のひとつです。

カシワバアジサイ

学名：*Hydrangea quercifolia*
アジサイ科(ユキノシタ科)／落葉低木
樹高：60〜200cm
開花期：5〜6月（蕾：6〜7月）

白い装飾花が集まって円錐形の花序になりますが、そのエレガントな雰囲気が好まれています。花色は白からライムグリーンへと変化し、カシワに似た形の葉は秋にみごとに紅葉し、きれいです。生長が遅めなので植えつける際は大株を選ぶとよいでしょう。

イングリッシュ
ラベンダー

学名：*Lavandula angustifolia*
シソ科／常緑小低木
樹高：40〜60cm
開花期：7〜8月
(蕾：7〜8月)

風が運ぶすばらしい香りに魅了される人も多いでしょう。たくさんの茎に美しい花穂を密につけます。この花の魅力を発揮するには、混植するよりこれだけをまとめて植えてブルーの面を作るとよいでしょう。花後は早めに穂を刈りとり、株の消耗を防ぎます。

青花種
ガーデン用のほか、第一級の香りをもつハーブとしても利用されています。青が基本色ですが、ピンクや白もあります。

'アロマティコ'
香り成分が大幅にアップし、花が秋にも咲く新しい品種です。上が'ブルー'、下が'シルバーピンク'。

ガーデンの一画をブルーに染め、すばらしい色と香りで庭の格を上げてくれます。

シモツケ

学名：*Spiraea japonica*
バラ科／落葉低木
樹高：30〜120cm
開花期：5〜7月（蕾：6〜7月）

株元から枝をたくさん出して株は自然にまとまり、初夏にふんわりとした花を咲かせます。日本原産の低木ですが、ナチュラルな風情はバラクラの庭にもマッチし、庭の骨格をつくるのになくてはならない植物です。濃いピンクや紅白に咲き分ける品種もあります。

白花種
花びらよりもおしべが長く伸びるため、満開時はふわふわと霜が降りたよう。

ピンク花種
小さな粒々のつぼみが愛らしく、5弁の花を多数集めた花序を作ります。

'ゴールドフレーム'
別名オウゴンシモツケ。ライムイエローの葉をもち、株はコンパクトにまとまります。

サラサウツギ

学名：*Deutzia crenata f. plena*
アジサイ科（ユキノシタ科）／落葉低木
樹高：1.5〜2m
開花期：5〜6月（蕾：6〜7月）

日本原産の落葉低木で、初夏に細い花弁を重ねた花を下向きに咲かせます。バラクラでは白の種類を植えていますが、花色は個体によって多少違いがあるようで、外側の花弁がうっすらとピンクに染まるものも。枝はしだれるように伸び、大きく茂ります。香りもすてきです。

キングサリのトンネル。何度もテッポウムシの被害にあいながらも、ここまで咲くようになりました。

キングサリ

学名：*Laburnum anagyroides*
マメ科　落葉小高木
樹高：3〜8m
開花期：5〜6月（蓼：6〜7月）

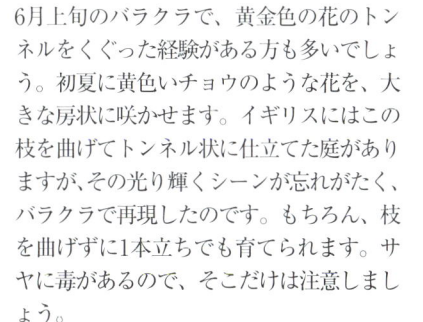

6月上旬のバラクラで、黄金色の花のトンネルをくぐった経験がある方も多いでしょう。初夏に黄色いチョウのような花を、大きな房状に咲かせます。イギリスにはこの枝を曲げてトンネル状に仕立てた庭がありますが、その光り輝くシーンが忘れがたく、バラクラで再現したのです。もちろん、枝を曲げずに1本立ちでも育てられます。サヤに毒があるので、そこだけは注意しましょう。

枝を曲げずに1本立ちにした株。これが本来の樹形で、一般家庭でも栽培できます。

ジューン
ベリー

学名：*Amelanchier canadensis*
バラ科／落葉低木
樹高：1.5〜3m
開花期　4〜5月
(蓼：5月)

春はサクラに似た白い花、初夏は赤い実、秋は紅葉、冬はすっきりとした樹形とオールシーズン楽しめ、庭のシンボルツリーにぴったりです。一般家庭では株立ち状のものを植えると、枝がたくさん出て樹高が高くなりすぎないのでおすすめ。日当たりと水はけのよい肥沃な土壌を好みます。

その名のとおり、初夏にはかわいい赤い実が鈴なりに。ジャムなどの食用にもできます。

しなやかな枝の先に小さな白い花を密に咲かせ、シンボルツリーにも適します。

スモークツリー

学名：*Cotinus coggygria*
ウルシ科／落葉小高木
樹高：3〜5m
開花期：5〜6月
(蓼：6〜7月)

別名ケムリノキ。花後に花梗が伸び、羽毛状になって広がる夏が最大の見せ場で、木全体が煙に包まれたかのようです。バラクラのテラスの下にあるスモークツリーは日本でいち早くとり入れたもので、いまでは大きく育って訪れる人を驚かせています。秋には紅葉し、銅葉や緑花などの品種もあってたくさんの喜びを与えてくれます。暑さ寒さにも強く、庭にぜひほしい樹木といえるでしょう。

Summer-Tree&Shrub

セイヨウニワトコ

学名：*Sambucus nigra*
科名：スイカズラ科／落葉小高木
樹高：3〜10m
開花期：5〜6月（蓼：6〜7月）

初夏に香りのよい小花をたくさん集めて咲き、秋には黒い実をつけます。エルダーとも呼ばれ、西洋では古くから薬用や飲料として利用されてきました。いろいろな園芸種があります。バラクラでは'ブラックレース'を植えていますが、ピンクの花と黒褐色の葉がとてもシックです。

'ブラックレース'
人気品種で、黒褐色の葉に深い切れ込みが入り、アンティークのレースのようにも見えます。

ノウゼンカズラ

学名：*Campsis grandiflora*
ノウゼンカズラ科／落葉つる性木本
つる長：5〜6m
開花期：7〜8月（蓼：8〜9月）

暑さ寒さに非常に強く、夏の間じゅうオレンジ色の花をたくさん咲かせます。つるは気根を出して周囲の樹木や塀、壁に絡みつき、旺盛に伸びていくので植える場所はよく考えて。近縁にアメリカノウゼンカズラがあり、それとの交配で生まれたピンクや黄色の園芸種もあります。

ノリウツギ

学名：*Hydrangea paniculata*
アジサイ科(ユキノシタ科)／落葉低木
樹高：2〜3m
開花期：7〜9月（蓼：8〜9月）

たくさんの白の装飾花がピラミッド状につきます。花が終わっても切らずにそのままにしておくと、秋には濃いピンクに変化してそれもまたきれいです。園芸種には葉に斑が入るものや、花色がライムグリーンのものもあります。耐寒性が強く、日照の少ない場所でも育ちます。

ゴールデンアカシア
バラクラ開園時にジョン・ブルックス氏が樹種を指定し、日本中をさがしてやっと見つけたもの。いまではバラクラのシンボルツリーとして知られます。

ニセアカシア

学名：*Robinia pseudoacacia*
マメ科／落葉高木
樹高：10〜25m
開花期：6〜7月（蕾：6〜7月）　○ ❄ H

小さな羽状の葉をふさふさと茂らせ、初夏には甘い香りのするチョウのような花が咲き、秋には黄葉も楽しめます。バラクラでは黄金葉のゴールデンアカシアを育ててきましたが、いまではエントランスの21世紀ドームを超えるまでに生長し、みごとな景観をつくっています。樹形も葉色も美しく、やせた土地でも育ちますが、生長がた

'カスクルージュ'
やや落ち着いた色調の葉と青紫の花が特徴。イベントテールからには近い如何は見えています。

ハイドランジア 'アナベル'

学名：*Hydrangea arborescens* 'Annabelle'
アジサイ科(ユキノシタ科)
落葉低木　樹高：1〜1.5m
開花期：6〜7月（蕾：7〜8月）

直径が25cmほどもある白いボール状の花をつけます。バラクラ開園当初からとり入れ、大切に育ててきました。その後の'アナベル'ブームの火つけ役になったと思います。一般のアジサイと異なり、水はけのよいひなたを好みます。冬に地際から切り戻すと、翌年にりっぱな枝が出て大きな花が咲きます。

ピンク花種
新品種のピンクの花で、白花種より小さな花がびっしりとつき、量感豊かなピンクのボールに。

白花種
アメリカで交配・改良されたアジサイで白が基本色。咲き始めはグリーン、次に、開くとともに白に変わります。

'アナベル'やモナルダ、バラなどが咲くダブルボーダー。ベンチに腰をおろし、手まりのような量感を間近に感じてみたい気分に。

バイカウツギ

学名：*Philadelphus*
アジサイ科(ユキノシタ科)／落葉低木
樹高：2～3m
開花期：5～6月（蕾：6～7月）

初夏に香りのよい白い花を咲かせます。日本で古くから栽培されてきましたが、よく使われているのはヨーロッパで改良された芳香性の強い園芸種です。枝が風に揺れて香りが漂う風情が魅力なので、枝は深く切り詰めず、カーブを描くように整えると持ち味が発揮できるでしょう。

フクシア

学名：*Fuchsia*
アカバナ科／常緑低木
樹高：20～50cm
開花期：5～10月（蕾：5～10月）

小さなバレリーナが踊っているようにも、イヤリングがぶら下がっているようにも見えます。種類がとても多く、がく、花弁、おしべからなる花姿はそれぞれに個性的。暑さに強く、寒さには弱いため、バラクラでは夏は戸外でハンギングなどに使いますが、冬は温室で管理しています。

赤×紫花種
花形はさまざまですが、日本でポピュラーなのがこのタイプ。踊り子のような愛らしさです。

白×ピンク花種
花径15cmほどにもなる大輪で、白い花弁の底と縁ににじむピンクがやさしげな風情。

モクフヨウ

学名：*Hibiscus mutabilis*
アオイ科／落葉低木
樹高：2～4m
開花期：7～9月（蕾：7～10月）

夏から秋にかけ、ハイビスカスに似た大きなピンクや白の花を咲かせます。花は夕方にはしぼんでしまいますが、夏の暑さをものともせずに次々に長く咲いてくれるのがうれしいところ。花が夕方になるとお酒に酔ったように紅に染まる、八重咲きのスイフヨウは特に人気です。

ぐるぐる巻きのトピアリーとともに、レストラン「ジャルディーノ」では淡いオレンジ色のハニーサックルがお出迎え。

黄花種
一般的なオレンジ×黄色の種類。葉の中心から花がつき、このままでもなかなかきれいですが、全部がぱっと開くと花火のよう。

オレンジ花種
パーゴラに自由奔放に伸びる枝に、濃いめのオレンジ色の花を咲かせて、初夏の景色をつくります。鮮やかなハンギングの草花にも負けていません。

ハニーサックル

学名：*Lonicera periclymenum*
スイカズラ科／常緑または落葉つる性木本
つる長：1〜6m
開花期：5〜9月
（蕾：6〜7月）

初夏から秋にオレンジ色や黄色の筒状口唇形の花を咲かせます。名前のとおり、花には甘い香りがあり夕暮れには特に強く香ります。枝はよく伸び、卵形の葉がよく茂るのでパーゴラや塀、壁に這わせたり、庭で隠したいものの前に植えるのも効果的。温暖地では常緑になるものもあります。品種改良が進み、ローズピンクや複色のものもあります。

紫花種

フジの花が咲きだすと、バラクラの夏の幕が開きます。テラスガーデンのパーゴラにたくましく這い登り、悠々と花を咲かせて。

フジ

学名: *Wisteria floribunda*
マメ科　落葉つる性木本
つる長：2～6m
開花期：4～5月
（蓼：5～6月）

上品な花色と美しい花房で、人々を魅了し続けてきました。フジは英国でもよく使われ、シシングハースト城の塀や、古城ホテルの壁を覆うシーンなどが知られています。日本では一般的な棚仕立てが中心ですが、もっと発想を柔軟にしてパーゴラや窓辺、ドアの周囲などにも誘引してみてはいかがでしょう。洋風の趣でぐんとおしゃれになるはずです。

白花種

レースガーデンの一画。白いフジの足元には白のチューリップが咲き、楚々とした雰囲気。

122　Summer-Tree&Shrub

ブッドレア

学名：*Buddleja*
フジウツギ科　落葉低木
樹高：50〜200cm
開花期：6〜10月（夢：6〜10月）

小花を密集させた花序を、風に揺らす姿が印象的。花にはチョウを呼ぶ香りがあることで知られます。こぼれダネから咲いてくるほど丈夫で、バラクラでは日当たりのよいレンガの間や砂利混じりの場所でも育ちます。冬に株元から切り戻すと、翌年は枝が多く出てよく茂ります。

紫花種
濃淡の紫色がブッドレアの基本カラー。ピンクや黄色の品種もあります。

白花種
夏空の下、レーヌガーデンでのびのびと花穂を伸ばす白のブッドレア。

石像の周囲を埋めているのはヘリオトロピウム。ラミウムの白っぽい葉が紫色をいっそう引き立てています。

ヘリオトロープ

学名：*Heliotropium*
ムラサキ科
半落葉または常緑低木
樹高：30〜60cm
開花期：6〜10月
（夢：6〜10月）

葉脈のくっきりと入った葉が重なり合う上に、紫色の小花を集めて咲きます。その色の濃さにひかれます。花には甘い香りがあり、香水の原料を採取するハーブとして利用されてきましたが、流通している園芸種はあまり香りません。花期が長いので花壇のほか、コンテナでも重宝します。

紫花種
基本はクラシカルな紫色で、小花が集まって花序を作ります。白の種類もあります。

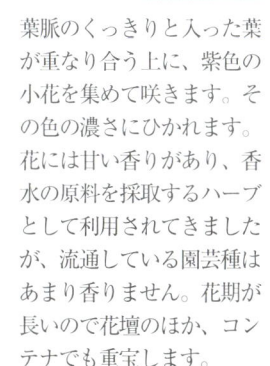

'ブルーサテン'
アメリカで開発された青紫の大輪一重咲き。ムクゲの中で最も青いといわれています。

'ラベンダーシフォン'
中心に小さな花弁をもつセミダブル咲き。薄い花弁にラベンダー色が優雅に調和します。

ムクゲ

学名：*Hibiscus syriacus*
アオイ科／落葉低木
樹高：3〜4m
開花期：7〜10月（蕾：8〜9月）

'ルーシー'
ローズピンクの八重咲きの花を咲かせます。花径はやや小ぶりですが華やかな雰囲気。

ガーデンでの利用価値がとても高い花木です。涼しげな花は朝に咲いて夕べにはしぼみますが、新しい花が秋まで絶え間なく咲き続けます。すこぶる強健で暑さ寒さ、乾燥に強く、荒れ地でも花を咲かせます。よく高速道路の路側帯に咲いているのを見かけますが、公害にも負けない強い花といえるでしょう。ただし、日当たりのよい場所が絶対条件です。刈り込みにも耐えるのでトピアリー仕立てや垣根仕立てにして、自由自在に楽しんでみてはいかがでしょう。

'アーデンス'
中心の小さな花弁が絡まるようなセミダブル咲き。ソフトピンクのやさしげな花色です。

'玉兎'
丸々としたつぼみから、一重咲きのピュアホワイトの大輪花を咲かせます。

'紫玉'
青紫のフリルを何枚も重ねたような八重咲きで、ミステリアスな雰囲気にひかれます。

ヤマボウシ

学名：*Cornus kousa*
ミズキ科　落葉小高木　樹高：5〜10m
開花期：6〜7月
（蕾：6〜7月）

初夏には白い花、秋には赤い実がついて紅葉も楽しめます。花のように見えるのは総苞と呼ばれる部分で、赤くなる品種もあります。樹形は自然に整い、一般家庭のシンボルツリーにぴったりです。枝がやや横に張るので樹下にテーブルを置きやすいのも高ポイントで、バラクラではテラスの階段わきにこの木を植えています。樹高が伸びすぎたら落葉期の冬に枝を整理しますが、枝の途中で切ることは避け、枝分かれしている部分の付け根で切りとると、きれいな樹形が保てます。

秋には表面に粒々がある赤い実をつけ、葉は紅葉します。実は果実酒などに使えるそう。

初夏にはハナミズキに似た白い花を咲かせます。ピンクのものもあります。

秋の紅葉が始まった、テラスのヤマボウシ。おおらかに伸ばした枝の下にテーブルを出して、のんびりと葉色を楽しみましょう。

ルシアンバインが咲き
だしたショップのテラ
ス。白いドアや、赤い
インパチエンスとの取
り合わせが物語性を感
じさせます。

ポテンティラ

学名：*Potentilla*
バラ科／常緑低木、耐寒性多年草
樹高：15〜40cm
開花期：5〜9月（蓼：6〜9月）

株元から枝をたくさん伸ばしてマット状に茂り、黄色や赤、白の一重の花を咲かせます。バラクラではテラスの階段わきなどに植えていますが、かわいらしい5弁の花は小さいわりに目につくようで、よく一重のバラと間違えられます。日当たりと通風のよい乾燥ぎみの場所を好みます。

黄花種
鮮やかな緑の細い葉の間に、くっきりとした黄色の一重の花を咲かせます。

白花種
黄色の花芯をもつ白い一重の花は、原種のバラのようにも見えてかわいらしい。

枝を伸ばしてほふくします。段差のある場所に植えて垂らすと、たくさんの小花が目立って思いのほかきれいです。

ルシアンバイン

学名：*Polygonum aubertii*
タデ科／落葉つる性木本
つる長：10〜15m
開花期：7〜9月（蓼：7〜9月）

長く伸びた枝に雪のように真っ白な花を咲かせます。生長のスピードが速く、英国では1分に1マイル伸びると表現されるほど。この特性を生かし、窓辺にふんわりと枝をかけたり、パーゴラに大きく誘引するとすてき。流れるようなラインはフラワーアレンジでも活躍してくれます。

秋
Autumn

陽気な少女の頬(ほお)に大人びた愁いが加わるように、明るくも騒々しい季節は過ぎ、風は落ち着きをまといます。気がつけばもう秋。やがて大地は実り、黄金色に染まって、庭は成熟のときを迎えます。

庭の東側から芝生をとおしてロングボーダーを望む、バラクラの秋の情景。日を惜しむかのようにダリアやトリカブトが咲き、足元にはオータムクロッカスが鮮やかさを添えます。

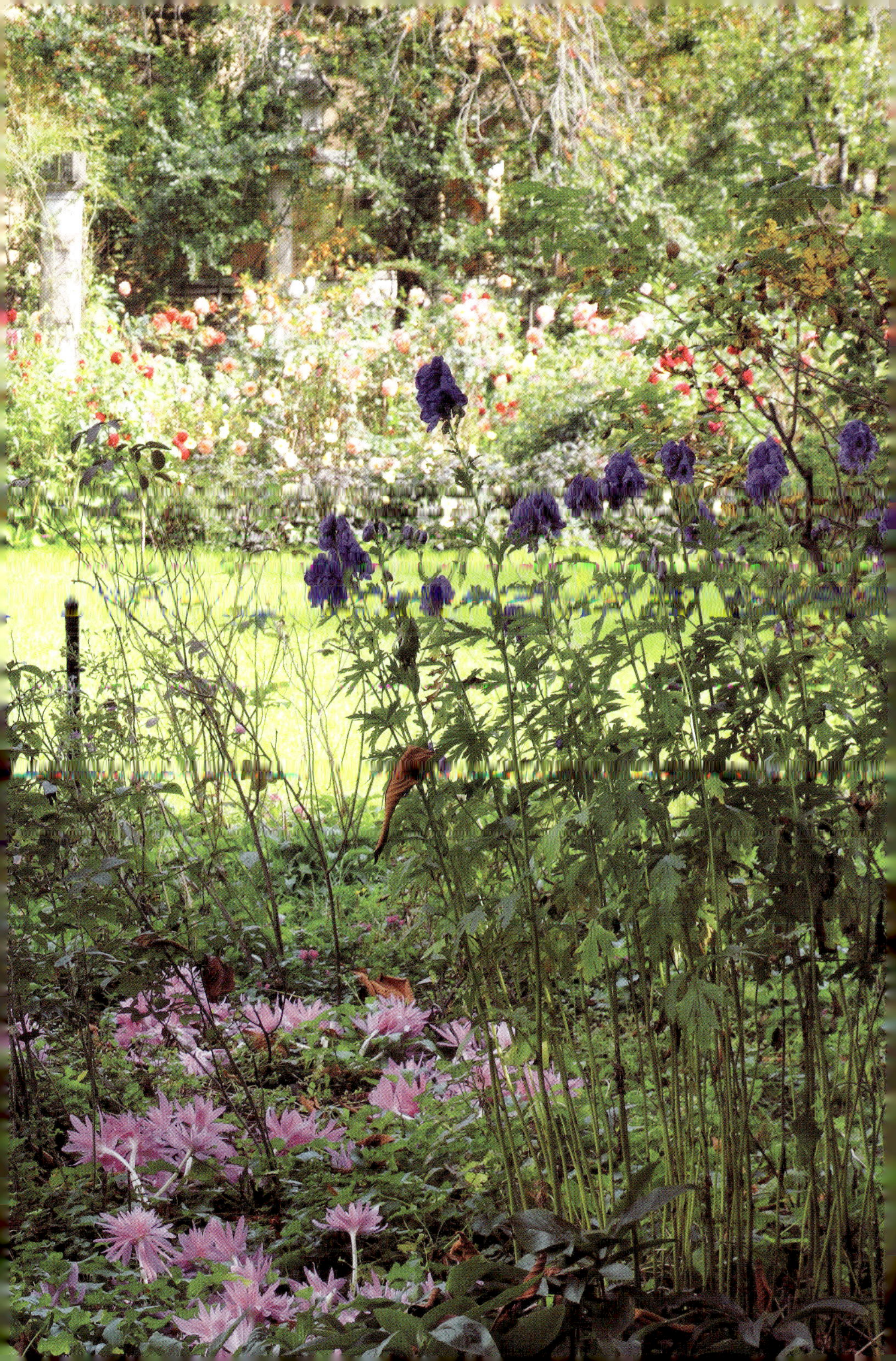

すっかり秋めいて、緑地のめぐりの芝生の中に、紫と白のオータムクロッカスの花が点々と。

植え穴に3球ほどずつ埋めると、こんなふうに密に咲いてきれい。八重咲きと一重咲きが混じり咲いています。

白花種
清らかな白の一重咲き種。オータムクロッカスは土なしでも咲くことで知られます。

オータムクロッカス

学名：*Colchicum autumnale*
イヌサフラン科（ユリ科） 夏植え球根
草丈：15～20cm
開花期：10～11月（蓼：9～10月） ◯～◐ ❄ H

別名コルチカム。収穫祭のころ、芝生の間から花だけをぱっと咲かせます。一重と八重咲きがありますが、一重のほうが雨に打たれてもぐったりせず、庭に向くようです。翌年の5～6月に葉が出ますが、あえて放置して芝草と一体化させるのがバラクラの手法。自然風に見えます。

サフラン

学名：*Crocus sativus*
アヤメ科 夏植え球根
草丈：約15cm
開花期：10～11月（蓼：10月） ◯ H

クロッカスの仲間では唯一の秋に咲く球根です。古くから赤いめしべを採取して黄色の染料に用いたほか、薬用にも利用され、金に等しい価値があるとされてきました。花色は紫だけですが、バラクラでは落葉樹の下などに数十球植えています。春とはまた違った、球根の咲く情景です。

Autumn-Bulb

球根ベゴニア'フォーチュン'のハンギング。葉がこんもりと茂り、カラフルな花がたくさん咲いて、自然に形よく仕上がります。

球根ベゴニア

学名：*Begonia* × *tuberhybrida*
シュウカイドウ科／春植え球根、非耐寒性多年草
草丈：30〜50cm
開花期：4〜7月、10〜11月
（蕾：5〜10月）　○ H

豪華な花形と花色で人目をひく球根性のベゴニアで、茎が直立するものや下垂するものなどさまざまなタイプがあります。中でも'フォーチュン'シリーズは花形がすてきで発色も美しく、パラクラのコンテナに毎年、登場する花となっています。温暖地では霜がおりるまで咲き続け、寒さで花が咲かなくなっても球根は残っていて、翌年もまた花をつけます。

'フォーチュン'

上は'フォーチュン ピンク'、下左は'フォーチュン イエロー オレンジ'、下右は'フォーチュン ホワイト'。いずれもパフを思わせる大輪八重咲き。

木々の緑がトーンを落とし、秋へと移り変わるころ、まだまだ咲いて庭に活気をもたらしてくれるのは、色とりどりのダリアたち。

ダリア

学名：*Dahlia*
キク科／春植え球根
草丈：20～150cm
開花期：5～10月（夢：6～10月）

初夏の花々のあと、一気に庭の主役に躍り出るのはダリアです。バラクラでは10年以上前から、夏から秋の草花としてダリアを植えてきましたが、いまでは2000株以上の花が咲き誇り、ボーダーや小道を彩っています。小輪や大輪、デコラ咲きやポンポン咲きなど、バラエティーが豊かで組み合わせの妙も楽しめます。ダリアは4月ごろに植えるのが一般的ですが、バラクラではそのころは春咲き球根花が咲いているため、ポットで苗を育てておき6月に定植しています。

ケイ山田命名のダリア

日本は熱心なブリーダーが多い、世界でも有数のダリア王国といえます。秋田国際ダリア園園長の鷲澤幸治氏が作出した品種群から、ケイ山田がガーデン向きの品種を選び抜き、名前をつけたものをいくつか紹介します（134、135ページ）。

'ロージーライフ'
「誰もがバラ色の暮らしをしたい」との願いを込めて命名。温かみのあるバラ色の中大輪。

'クリムゾンビューティー'
深い紅色（クリムゾン）が印象的。ピオニー咲きで、可憐な花姿。小輪。

'レモンカード'
英国で愛されるペースト、レモンカードのような甘く、おいしそうな黄色。大型のポンポン咲き。

'キャンディフロス'
ふわふわとした綿あめ（キャンディフロス）のイメージから命名。中輪。

'ストロベリークリーム'
おいしそうなイチゴのクリーム色と赤紫の明るい赤と白の組み合わせ。中輪。

バラのパーゴラを背景に、ロングボーダーでは赤やピンク、オレンジ色など色とりどりの花色がいっそう引き立つよう。

'ポンポンショコラ'
チョコレート色が魅力的な小型のポンポン咲き。左の写真のように、花が咲き進むと花弁が割れて中央に黄色い花芯を見せます。

'ロージーマジェンタ'
バラを思わせる深紅色（マジェンタ）の花弁。スイレン咲きと呼ばれる花形の中輪。

高く澄んだ秋の空とダリアはよくお似合い。あるものは花首を重たげに揺らし、あるものはいっぱいに花をつけて、ロングボーダーを染め上げます。

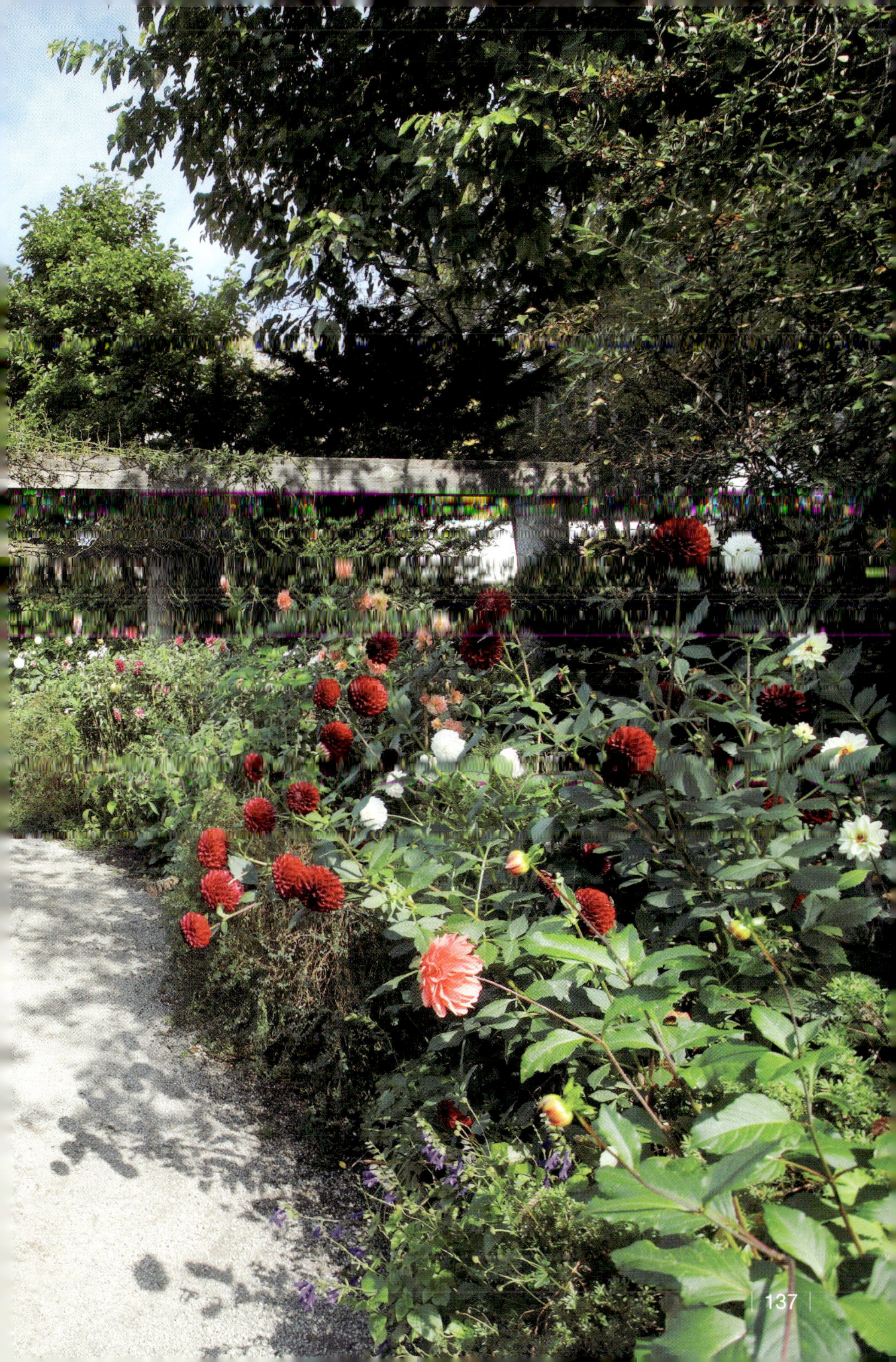

'ジャパニーズビショップ'

銅葉と赤花の対比が魅力的。古くからある名花で育てやすい品種。半八重の中輪。

'ミッドナイトムーン'

'ジャパニーズビショップ'同様の中輪銅葉品種。花色は闇夜を照らす月のよう。

深紅色の'ジェシーリタ'と大輪ピンクの'サマーファイヤーワーク'が、花弁がぎゅっと詰まった花をふるふると垂らしながら、ベンチに寄り添いこぼれ咲いています。

ダリア バリエーション

花径は5cmの極小輪から30cm以上の巨大輪まで、花形は丸いボール咲きや、それを小さくしたポンポン咲き、花弁をきれいに重ねたデコラ咲き、花弁がとがるカクタス咲きなどとさまざまで、選ぶ楽しみがあります。また、草丈も20～150cmほどと幅があり、庭用には中～高性種が適します。

Dahlia Variation

'ニジ'

細い花弁の先をピンクに染めるカクタス咲き品種。中心輪。

'淡雪手まり'
花弁の先にほんのりと紫をにじませる、大型のボール咲き。強健な品種。

'ブルックサイドスノーボール'
アメリカで育種された名花。大型のボール咲き。切り花にしてもすてき。

'グレイスミドルトン'
花径30cm以上にもなる超巨大輪。ガーデンのアクセントとして使います。

'グレンプレス'
花径5cmほどと小型ですが、濃い赤紫色のポンポン咲きが人目をひきます。上はプライベートガーデンに咲く姿。

アゲラタム

学名：*Ageratum*
キク科／春まき一年草
草丈：20〜60cm
開花期：5〜10月（蕾：5〜10月）　○ H

花期がとても長く、花が終わってもつぼみが上がってきてまた咲いてくれるので、花壇の長く咲かせたい場所に最適。糸を集めたようなふんわりとした花姿で株はよくまとまり、パンジーやビオラのように幅広く使えます。英国ではコンテナやハンギングによく利用されています。

ウインターコスモス

学名：*Bidens*
キク科／半耐寒性多年草、春まき一年草
草丈：90〜100cm
開花期：6〜12月（蕾：6〜10月）　○ H

名前のとおりコスモスに似た黄色の花を咲かせ、葉もコスモスのような切れ込みが入ります。温暖地では秋から冬まで咲いて花壇にも植えられますが、寒冷地では霜に負けてしまうため、もっぱらコンテナの寄せ植えに利用。繊細な草姿とやさしい色はいろいろな植物とよくなじみます。

オオベンケイソウ

学名：*Sedum spectabile*
ベンケイソウ科／耐寒性多年草
草丈：30〜50cm
開花期：8〜10月（蕾：8〜9月）　○ ❄ H

東アジア原産の寒さに強い多肉植物。夏の終わりから秋にかけ、小さな星形のピンクや赤紫の花をびっしりと頭に咲かせます。花はよく日もち、紅葉するものもあり、しっかりと秋の景観をつくってくれるのがうれしいところ。バラク…

'オータムジョイ'
花房が大きく、濃いピンクの小花をびっしりと集めて咲きます。

「虎の尾」という名前ですが、やさしげな風情。草丈が中程度で自然な草姿なので、ほかの植物ともよく調和します。

カクトラノオ

学名：*Physostegia virginiana*
シソ科／耐寒性多年草　草丈：60〜120cm
開花期：7〜9月
（蓼：0〜10月）

シソ科では晩夏から初秋にピンクや白の花を穂状に咲かせます。春のピンクと違って、ちょっとしっとりとしたピンクが印象的で、バフクフではボトムガーデン近くのやや日陰になる場所にまとめて植えています。バンブルビーと呼ぶ大きなハチが来てこの花の蜜を吸うのですが、ハトロを伸ばしたように口をとがらせて、その様子にも心がなごみます。花期は約2週間と長めです。

サラシナショウマ

学名：*Cimicifuga simplex*
キンポウゲ科／耐寒性多年草
草丈：1〜1.2m
開花期：9〜10月（蓼：9〜10月）

細長い茎の先に長さ30cmほどの白い小花が穂状につき、霜がおりても咲き進みます。手のひらのような形の葉も、ブラシのような穂状の花もユニークで、庭に変化をつけるアクセントフラワーとしてぴったり。花にはチョウが好む香りがあり、写真の花にもチョウが止まっています。

小道沿いにしなやかな枝を伸ばし、ピンクの花を軽やかに咲かせるシュウメイギク。

ピンク花種
花弁のように見えるピンクの部分はがくで、中心の黄色の部分が花です。

白花種
ころころとした丸いつぼみと花とのとり合わせがよく、株姿が心に残ります。

シュウメイギク

学名：*Anemone japonica*
キンポウゲ科／耐寒性多年草
草丈：50～80cm
開花期：9～11月（蕾:9～10月）

葉の間から細い茎を伸ばしてピンクや白の花を咲かせます。丸いつぼみが花に混じる様子もかわいいもの。清楚な雰囲気の花で花首が細く、たくさんまとめて植えるとしなやかな風情が生かせるでしょう。よく半日陰向きといわれますが、日当たりのほうがよく育って、花もたくさん咲きます。

トリカブト

学名：*Aconitum*
キンポウゲ科／耐寒性多年草
草丈：約150cm
開花期：8～9月（蕾:9～10月）

ナペルス
整った花形とほかにはない深い色みがすばらしい、ヨーロッパ原産種です。

有毒植物としての知名度が高いせいか、日本では庭に植えられることは少ないのですが、ヨーロッパでは普通の草花として扱われています。バラクラでは花の大きな園芸種を植えていますが、秋に見せるさえざえとした深い紫色はとても神秘的。カブトのような花形も印象に残ります。

Autumn-Perennial & Annual

10月上旬にはうれしい秋の収穫祭が。テラスガーデンに大きなススキとアカトウガランのゲートをかけ、オモチャカボチャやポットマム、ダリアも飾って秋の恵みに感謝。

ミクロフィラ
別名チェリーセージ。初夏から秋まで赤やピンクの花を咲かせ、ハーブガーデンをにぎわわせます。後ろはルドベキア、手前は観賞用トウガラシ。

宿根サルビア

学名：*Salvia*
シソ科／耐寒性または半耐寒性多年草
草丈：60〜200cm
開花期：5〜11月
（藝：6〜10月） ○ H

ファリナセア
別名ブルーサルビア。小さな花をいっぱいにつけ、花後に切り戻すと再度、開花します。半耐寒性で一年草扱い。

レウカンサ（アメジストセージ）、グアラニチカ（メドウセージ）など、さまざまな種類があります。大半が大きく育ち、草姿が乱れますが、広い場所に数種類をとり混ぜて植えると自然な雰囲気になるでしょう。グラス類といっしょに宿根サルビアを植えてもすてきですよ。

パテンス
別名ソライロサルビア。花数は少ないものの、花径4cmほどの大きくて濃いブルーや

大きなストロベリーポットからこぼれるワイルドストロベリーを中心に、ファリナセアやダリアなどが花を咲かせるハーブガーデン。

宿根アスター

学名：Aster
キク科／耐寒性多年草
草丈：60～150cm
開花期：9～10月
（蕾：9～10月）

宿根アスターは種類が多く、シオン、ユウゼンギク、クジャクアスターなどがその仲間とされます。バラクラでは紫やピンクの宿根アスターをボーダーに植えていますが、色は淡くてもふわっと枝が乱れてとても華やか。シオンは心が落ち着く秋らしいブルーで、ブルーガーデンに植えたい花です。

クジャクアスター

花径1cmほどの白の小さな花が無数にふわふわと咲き乱れます。太陽が当たるときらきらと輝き、ロマンティックです。

シオン

漢字で書くと『紫苑』。その名にふさわしい薄紫色の花が、ガーデンを品よく彩ります。

ピンク花種

プライベートガーデンで、ルシアンバインなどに混じって咲く、ピンク花種。大きく生長し、見ごたえ十分。

青花種

糸状の花弁がたくさんつき、ふわふわとしたブルーのやわらかな情景をつくります。

ユーパトリウム

学名：Conoclinium coelestinum
キク科／耐寒性多年草
草丈：30～100cm
開花期：9～10月
（蕾：7～10月）

アゲラタムの花茎を伸ばしたような姿で、ふさふさとした花もアゲラタムによく似ています。秋の青い花はみんなそうですが、この花のブルーもまた、みずみずしい春のブルーとは違う、夢の世界にあるような静かなブルーに思えます。性質は丈夫で藜科の冬を乗り切り、半日陰でも育ちます。

夕暮れによく香ります。細長い花ですが、個性的な姿でなかなかインパクトがあります。

ニコチアナ・シルベストリス

学名：Nicotiana sylvestris
ナス科／半耐寒性多年草、一年草
草丈：90〜150cm
開花期：8〜10月（蓼：7〜10月）

白く細長いラッパ状の花が晩夏から秋まで咲き続けます。花と大きな卵形の葉とのコントラストが印象的で、香りもよく、バラクラでは絶対に欠かせない花のひとつです。性質は丈夫で、レンガの目地のようなところでもこぼれダネから芽を出します。

'カーペットマム イエロー'
珍しいほふく性のキクで、中心から大きく広がってボリュームのある株になります。

ポットマム

学名：Chrysanthemum × morifolium
キク科／耐寒性多年草
草丈：25〜60cm
開花期：7〜11月（蓼：9〜11月）

矮性の品種が多く、見せ方によってはイングリッシュガーデンでも違和感なく使えます。特にスプレー状でほふく性の新品種'カーペットマム'シリーズには、従来のキクのイメージをくつがえす洗練された雰囲気が。花が少なくなる晩秋に、おしゃれに咲かせてみたい花です。

色づきはじめた10月のバラクラ。春の緑はこんなにも豊かに育って、テラスではハナミズキが紅葉した枝を広げます。心に沁みたい満ち足りたシーンです。

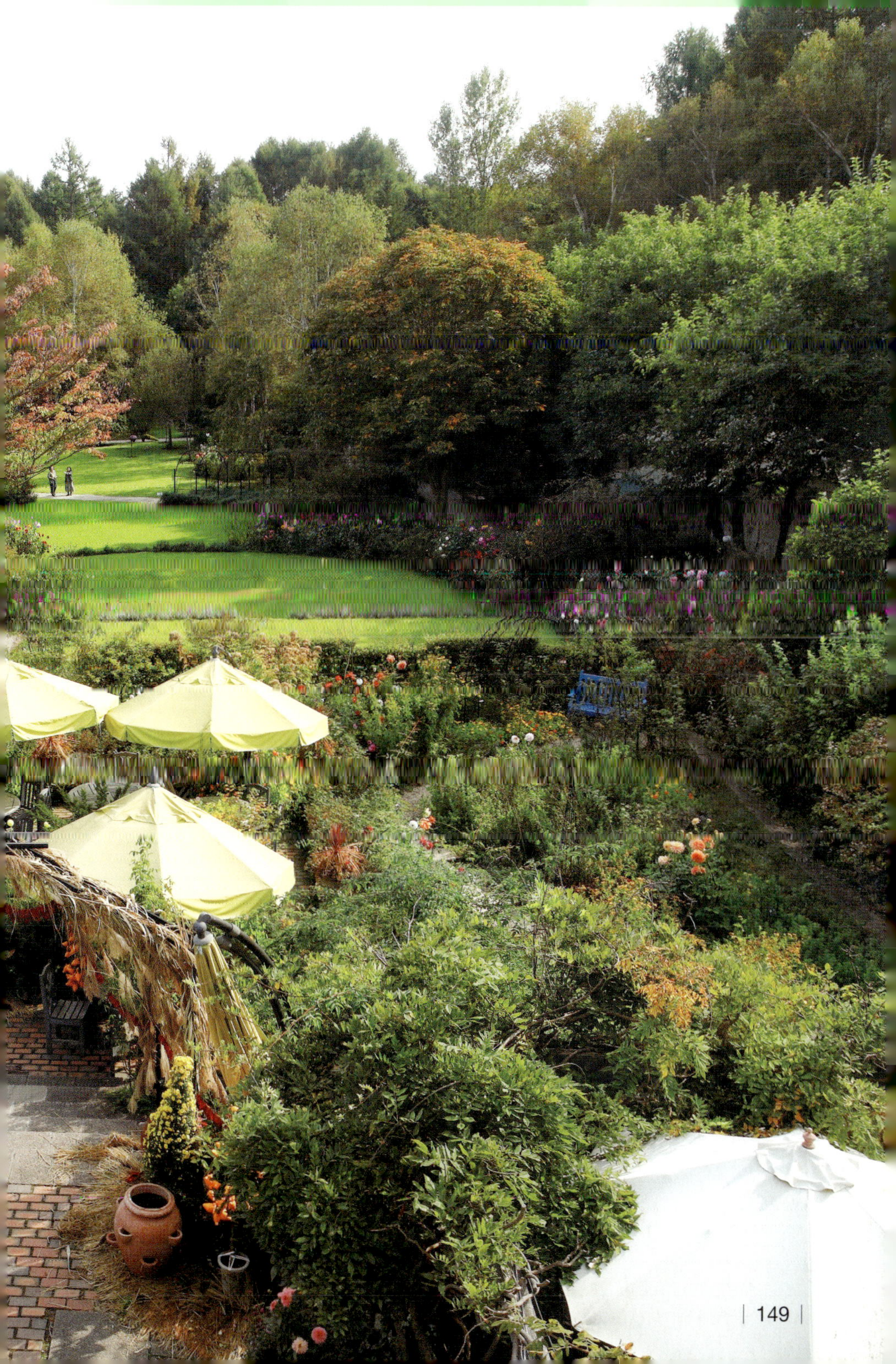

コトネアスタ

学名：*Cotoneaster*
バラ科／常緑または落葉低木
樹高：20～300cm
観賞期(実)：9～12月 (葉：9～11月)

多くの種類がありますが、日本ではホリゾンタリスがよく植えられています。初夏に咲く花はあまり目立たず、なんといっても秋～冬にかけての実を楽しむ植物といえるでしょう。緑の葉につやつやとした赤い実がつき、葉に霜がついたり、霜で葉が黒みをおびるのも美しいものです。

ホリゾンタリス
もっともポピュラーな種類で、別名ベニシタン。四方に茂る枝に赤い実をいっぱいにつけます。

サンザシ

学名：*Crataegus*
バラ科／落葉低木
樹高：1～1.5m
観賞期(実)：10月 (葉：10～12月)

春の白い花も秋のつやつやとした赤い実もかわいらしく、庭にほしい低木のひとつ。バラクラのサンザシは英国から輸入したもので、あちらではバラのロサ・エグランテリアと合わせて垣根にしているのを見かけます。赤い実は小鳥も大好きで、コマドリが巣を作ったりします。

チェッカーベリー

学名：*Gaultheria procumbens*
ツツジ科／常緑低木
樹高：20～30cm
観賞期(実)：9～1月 (葉：9～12月)

熟す前の白い実と熟した赤い実が株に混じっている姿から、この名で呼ばれます。晩秋から冬には実が赤く色づき、霜に当たった葉は褐色をおびますが、その様子が魅力的でこの植物の美を感じます。スクリーガーデンに植えていますが、石垣に植えたり、コンテナにも適します。

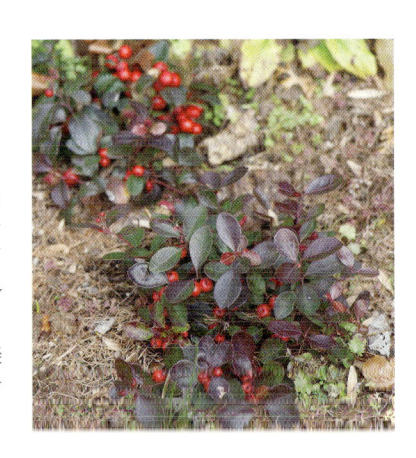

ツルコケモモ

学名：*Vaccinium macrocarpon*
ツツジ科／常緑低木
樹高：10～80cm
観賞期(実)：9～11月（葉：9～11月）

別名クランベリー。枝は地を這うように伸び、春に薄いピンクのカタクリに似た花を咲かせます。秋には小さなリンゴのようなエンジ色の実をつけ、晩秋から冬は小さな葉を赤く染めて目を楽しませてくれます。冬の寒さや雪にも負けず丈夫です。小ぶりなのでコンテナにも適します。

ナナカマド

学名：*Sorbus commixta*
バラ科／落葉高木
樹高：3～10m
観賞期：10～2月（葉：10～2月）

春には白い花が集まって房状に咲きますが、それよりも秋の紅葉と赤い実を楽しむ樹木とされています。葉は枝の先のほうに羽状につき、赤く色づくときれいです。生長がゆっくりなうえ、大きくなりすぎてもてあますということはなく、一般家庭の庭木にも使いやすいでしょう。

ノルウェーカエデ

学名：*Acer platanoides*
カエデ科／落葉高木
樹高：3～10m
観賞期：4～11月（葉：4～11月）

切れ込みの入る大きな葉と美しい葉色が魅力です。チョコレートのような銅葉が日の光を浴びて浮かび上がる'クリムソンキング'、緑葉の'プリンストンゴールド'、斑入りの'ドラモンディ'などがありますが、どれも見ばえがして、一般家庭のシンボルツリーにもぴったりです。

'クリムソンキング'
新芽も赤紫で、徐々に色みを深くします。ライムグリーンの植物と合わせるととてもおしゃれ。

ピラカンサ

学名：Pyracantha
バラ科／常緑低木
樹高：30〜300cm
観賞期(実)：10〜12月 (葉：10〜3月)

秋の彩りを観賞するために庭にとり入れている植物です。枝がしなるほどにびっしりとついた実は、日の光を浴びて輝きます。英国ではシックなレンガ塀や外壁の前に植えられているのを目にします。太く大きなとげがあるのが難点ですが、実の美しさには代えがたいものがあります。

ムラサキシキブ

学名：Callicarpa japonica
シソ科（クマツヅラ科）／落葉低木　樹高：2〜3m
観賞期(実)：9〜11月
(葉：10〜11月)

光沢のある紫色の実が枝のつけ根につき、初冬まで色を保ちます。日本古来の植物で、欧米では植物園以外ではあまり見られませんが、枝がやや下がる様子は風情があり、イングリッシュガーデンにも調和します。近縁種で樹高が低いコムラサキもこの名で広く流通しています。

ルス・ティファナ

学名：Rhus typhina
ウルシ科／落葉小高木
樹高：3〜5m
観賞期：4〜11月 (葉：4〜11月)

木は直立せず、株は大きく張り出します。シダのような羽状の葉は夏には涼しげで、秋にはきれいに紅葉します。夏に粒々の実を密集させたような花を穂状に咲かせますが、それもまたモダンで印象的。地下茎を伸ばして旺盛に繁殖するので、広い場所に植えましょう。

バラのガゼボの周辺。
梢が長く影を落とし、
日暮れの早さが身にし
みる晩秋。そろそろ冬
支度を急がないと…。

冬
Winter

冷気がキリリと肌を刺し、ガーデンに冬の訪れ。凍えそうな寒さでも冬の庭は思いのほか饒舌で、常緑樹や芝生は緑を失わず、雪の中から咲く花も。冷たい光が照らしだす、たくましい命を見逃しませんように。

クリスマスはバラクラの冬の一大イベント。パビリオンを望む芝生では、緑の枝を天に向けたコロラドトウヒに深紅の飾りが施され、小枝のトナカイたちも賑やかに季節を謳歌します。

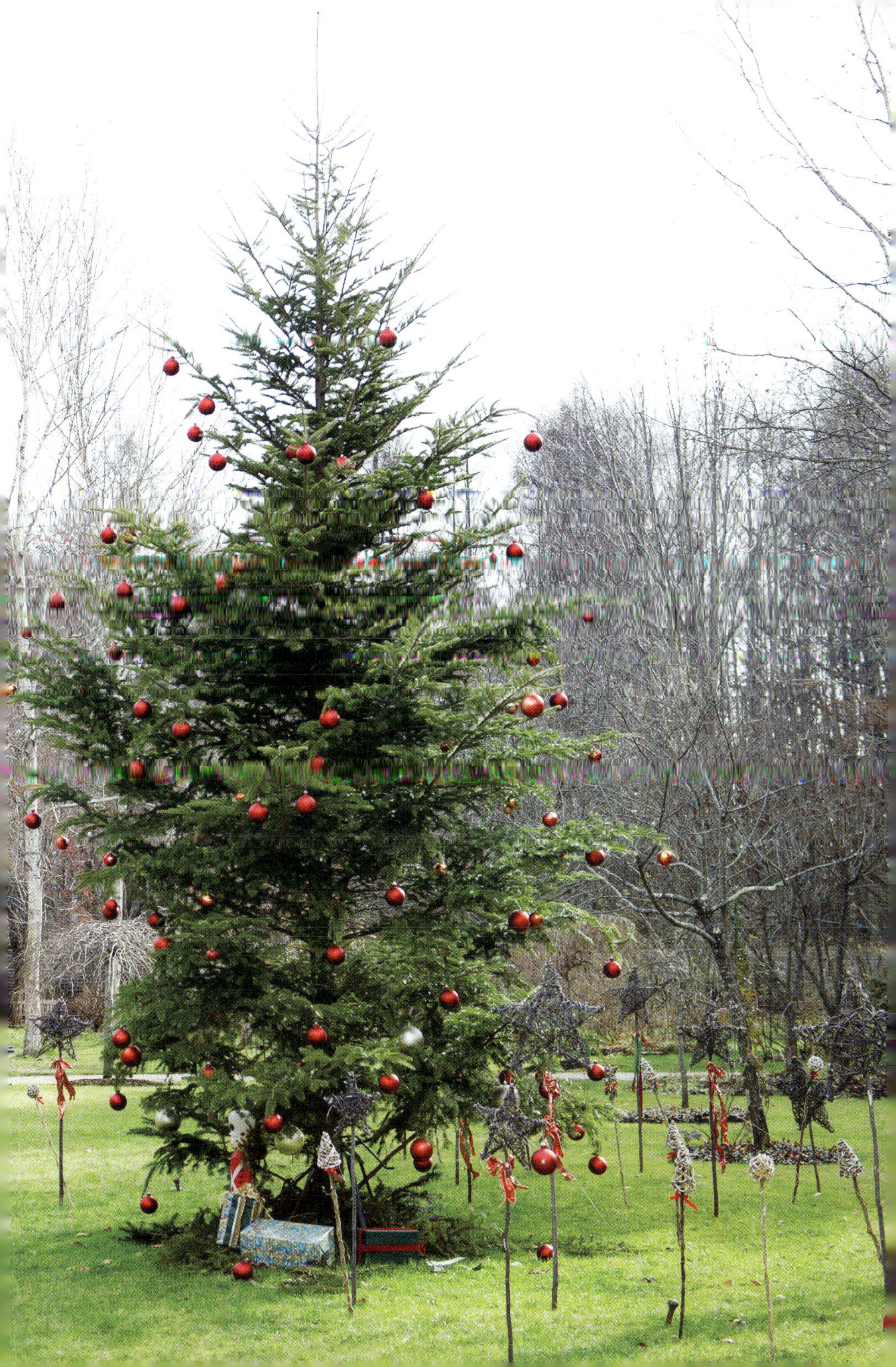

シクラメン

学名：*Cyclamen persicum*
サクラソウ科／秋植え球根、
非耐寒性または耐寒性多年草
草丈：15〜30cm
開花期：10〜2月
(蓼：10〜11月) ○ ☀

昔、英国で木の足元に咲くシクラメンに興味をひかれ、バラクラで試してみました。それがきっかけで、日本でのガーデンシクラメン人気が高まったように思います。落ち葉の中で花を咲かせ、冬の庭に華やぎをもたらしてくれますし、花がらを放置すると花茎がくるくると巻いて、この花の語源でもあるサイクル状に。それもまた印象深い姿です。

ガーデンシクラメン

寒さに強い系統を選抜、育種することで誕生。夏切りアルバで咲き、庭植えに活躍してくれます。

シラカバの足元をきれいにエッジをとった円で囲み、中にガーデンシクラメンを密に植え込みました。

オーリキュラ

英国でマニアに深く愛されてきました。専用のオーリキュラポットに植えると、古典的な魅力がいっそう増します。

ポリアンサ

花色がとても多彩。中輪の品種を選ぶと、ほかとコーディネートしやすいようです。

プリムラ

学名：*Primula*
サクラソウ科／
半耐寒性または耐寒性多年草
草丈：10〜30cm
開花期：11〜3月
(蓼：11〜5月) ○〜◐ ❄

カラフルで花期も長く、冬の庭やコンテナに欠かせません。使いやすいのはポリアンサで、これだけを組み合わせても、ほかの植物のアクセントにも使えます。林の中に一面に植えてもすてきです。ユキヤナギなどの早春の低木があれば、たとえそれが芽吹く前であってもいいからプリムラを合わせてみては。春を待つ想いが伝わって、絵になります。

エントランスの広い階段に黒っぽいコンテナを置き、プリムラやカルーナなどを植え込んで。ほんの少しの花色と緑が、石やレンガの情景に明るさをもたらします。

樹間の草むらに咲くニゲル。雪が降る日もありますが、積もった雪をそっとかき分けると、つぼみがしっかりついていて感激することも。

ニゲル
貧しい少女がキリストの誕生を祝ってこの花を贈り物にしたという、そんな伝説にふさわしい風情を感じます。

クリスマスローズ

学名：Helleborus
キンポウゲ科／耐寒性多年草
草丈：30〜60cm
開花期：12〜4月
（蕾：12〜4月）

ガーデンハイブリッド
原種などの交配種。春に開花しますが、日本ではクリスマスローズの名でとおります。左は縁にピンクの覆輪入り、右は赤系のスポット入り。

12月に咲くニゲルが本来のクリスマスローズで、白い花を咲かせます。ガーデンハイブリッドは原種や園芸種を交配したもので、早春〜春に花が咲きます。黄緑色や黒紫色など花色が豊富で、一重、八重、半八重咲きと花形もバラエティー豊か。バラクラではメドウを中心に、落葉樹の株元などに散らすようにたくさん植えて、冬の彩りにしています。

158　Winter-Bulb & Perennial & Annual

エリカ、カルーナ

学名：*Erica*、*Calluna*
ツツジ科／常緑低木　樹高：20～150cm
開花期：周年
（蘂：冬咲き種11～12月）

エリカはヨーロッパや南アフリカ原産の寒さに強い常緑樹。種類が多く花期もさまざまですが、花の少ない時期に咲く冬咲き種に特に魅力を感じます。カルーナはエリカの近縁種で、冬の葉色が美しい園芸種も。英国ではこれらをヒースやヘザーと呼び、ヘザーガーデンも人気です。

カルーナ'ガーデンガールズ'
つぼみが閉じたまま維持されるので、秋から早春まで長期間にわたって観賞できます。

コロラドトウヒ

学名：*Picea pungens*
マツ科／常緑高木　樹高：1～30m
観賞期：通年（蘂：通年）

クリスマスツリー形の円錐形の樹形と、銀灰色の美しい葉をもつ針葉樹。樹高が高くなるので広い庭に向きますが、生長はゆっくりです。バラクラでは21年前に植えた苗木がようやく2.5mほどに。この特性を生かし、鉢栽培にして季節のデコレーションとして楽しむこともできます。

セイヨウヒイラギ

学名：*Ilex aquifolium*
モチノキ科／常緑小高木　樹高：5～25m
観賞期（実）：12～1月
（蘂：11～12月）

冬でも枯れない濃い緑の葉と赤い実が尊ばれ、西洋では古くから聖なる木とされてきました。多くの園芸種があり、実が黄色の種類も。この実が色づくとバラクラもクリスマス一色になり、オーナメントとしても大活躍。丈夫で刈り込みに耐えるためトピアリーにも向きます。

Winter-Tree & Shrub

クリスマスの飾りつけは心弾む作業。エントランスのコロラドトウヒは格好のクリスマスツリーとなってザーナルトに飾られ、訪れる人に幸せを贈ります。

ヘデラ

学名：*Hedera helix*　ウコギ科／常緑つる性木本　つる長：〜30m
観賞期：通年
（蓼：通年）

別名アイビー。寄せ植えに使ったり、外壁に這わせたり、見せたくないものを覆ったりと利用範囲の広い植物です。バラクラには紅葉するものもいくつかあって、気温が低くなるにつれてゆっくりと赤みを増していく様子は、心を静かに落ち着かせてくれます。また、ヘデラの多くは地植えにして5〜7年たつと黒紫色の実をつけますが、それも楽しみのひとつです。

'アトロパープレア'

種類のとても多いヘデラですが、このように紅葉する品種があると冬も楽しい。

ハーブガーデンの池沿いの壁面を覆わせたく、地植えしたヘデラ。このように旺盛に育ち、這い登りました。木が成熟すると、花を咲かせ、実をつけるようになります。

ミズキ

学名：*Cornus alba* var. *sibirica*
ミズキ科／落葉中高木
樹高：2.5〜1.5m
開花期：5〜6月
（蓼：6〜7月）

バラクラで見られるのは、サンゴミズキやオウゴンミズキです。どちらも初夏に咲く白い花の美しさはもとより、落葉後の秋から冬に、それぞれの枝の色が赤と黄金色に変化するのが見どころで、枝ぶりのよさからも冬の庭で存在感をより発揮します。株元から枝をたくさん出しますが、冬に切り戻すと翌年には樹形がきれいにまとまります。

斑入りサンゴミズキ

涼しげな白い斑入りの葉をふさふさと茂らせ、花も秋の紅葉も楽しめます。落葉後はサンゴのような赤い枝が人目をひく、観賞価値の高い庭木です。

オウゴンミズキ

しなやかな枝に白い花を咲かせ、晩秋から春には枝が黄金色に色づきます。

冬は植物を覆っていた葉や花がそぎ落とされ、庭の骨格があらわれます。静かな心で、ほんとうの庭と向き合うときです。

雪に埋もれたバラクラの庭。冬芽や土中の根はめぐりくる春を夢見て、安らかな眠りについています。

冬の朝

凍えるような朝は、庭に霜がおりキャ葉や花につく霜はフロストシュガーやガラスのこまかいかけらのようにも見えて、それはまるで神様が作ったとしか思えない造形の妙。冬には冬の恩恵があると感じます。

うっすらと雪化粧した庭でけなげに花を咲かせるガーデンシクラメン。雪が花の紅色を際立たせています。

ハボタン（左）と咲き残った最後のダリア（右）におりた霜。自然が見せてくれる美しさに感動せずにはいられません。

ケイ山田流 庭作り成功へ

プライベートガーデン。チェアに座り、つるバラ 'ブラッシュランブラー' を眺めるのが至福のとき。

の8ステップ

オープンから22年、バラクラ イングリッシュ ガーデンは多くの植物や構造物が互いに調和する美しい庭へと成熟をとげました。その間、オーナーとして、またガーデンデザイナーとして庭作りにとり組んできたケイ山田の、実践から導きだされた庭作りの秘訣を紹介します。

1 庭でどう過ごしたいか考えましょう。

庭の目的や用途はさまざまです。野菜やハーブを収穫したいのか、庭でお茶を楽しみたいのか、純粋に植物を観賞するのかなど、まずは庭でどんなふうに過ごしたいのか具体的にイメージし、作りたい庭のスタイルを決めましょう。その際、自分のライフスタイルを考慮することも必要で、たとえば時間の余裕がない人が、水やりに手のかかる庭を作ってもきれいに維持することは難しいもの。目的の庭を維持できるかどうか冷静に判断することも重要です。

手にしているのは自身が命名したダリア'レモンカード'。こうやって花をめでながら、頭の中ではすでに来年のプランが。

2 庭のデザインを作りましょう。

　作りたい庭がはっきりしたら、デザインにとりかかります。どこから庭を眺めるのかを考え、境界を区切って、まわりの環境も考慮します。私はガーデン植物を樹木、低木（シュラブ）、バラ、多年草、一年草、球根の6つに分類し、それらをうまく配置することをいつも考えます。狭い庭であれば樹木の代わりに低木や大型の多年草を使ってもいいのですが、コツはまず樹木を決めてから順に小さいものを考えること。最初に草花を決めるのは、バランスを欠く原因になりますから注意してください。また、植物だけでなく、構造物やガーデンファニチャーも庭のデザインを決める大切な要素です。

🔍 レイズガーデンの大型のドーム。初夏にはつるバラ 'ランブリングレクター' が満開に。

3 庭の環境に合う植物をチョイス。

　デザインに応じて植える植物を選ぶ際、見た目や憧れだけで選ぶのではなく、植物の性質や環境への適応性をよく考えましょう。植物はそれぞれに個性があり、どんなに注意して育てても冬越しが難しい植物や、日照がなければ満足に咲かないものがあります。お目当ての植物が自分の地域の気象条件に適したものであるかどうか、また、庭の日照条件や土質に合っているかどうか、図鑑などで事前に調べておきます。

🔍 夏のボトムボーダーガーデン。コンテナに植えられているのは耐陰性の強いインパチエンス、ギボウシなど。

4 色彩はとても重要な要素です。

　パステルカラーのやさしい雰囲気の庭、心躍るカラフルな庭など、色は庭の印象を決める重要な要素です。色は個人の好みもあり、どの色がよいということはありませんが、同系色にするのか、補色の効果をねらうのかなど、ある程度絞り込むと印象がまとまりやすい。よい、季節によって、カラフルな配色でもよいでしょう。ただし、どんな色彩であっても葉ものを多めに使うのがきれいに見せるコツ。樹木やリーフプランツの緑色は、花色のぶつかり合いを緩和してくれます。

ボーダーガーデンのダリア。ここは、赤、赤紫、ピンクなど、同系色でまとめられた一画。

5 花のない季節の庭も想像してみて。

　一般にほとんどの人は花が咲いている姿をイメージして、作りたい庭の構成や色彩を考えます。しかし考えてみてください。一年中、咲き続けている花などほとんどないのです。花木や多年草、オールドローズなどは、むしろ花が咲いていない時期のほうが圧倒的に長いはず。そのときに庭がどんな表情を見せるのか想像し、花がなくてもすてきに見えるように工夫しましょう。たとえば葉も魅力的なバラもありますし、枝ぶりのきれいな樹木は落葉した冬もすてきなシーンがつくれます。

冬の景色。咲いている花はほとんどないが、樹木や構造物が織りなす景色に風情があります。

▶ バラクラに来園した英国のガーデナー。講師としてレクチャーを担当していただくこともあり、その中から庭作りのヒントを得ることも。

7 謙虚にアドバイスを聞くことも大切。

バラクラの庭はジョン・ブルックス氏はじめ、多くのすぐれたプロの力や助言を借りながらオープンしました。もちろん私自身、何冊もの植物図鑑がぼろぼろになるほど勉強しましたが、知ったかぶりはせず、確かな人の忠告には素直に耳を傾けるよう心してきました。庭作りに限りませんが、これはとても大切な姿勢だと思います。また、自分では庭の問題点に気づかなくても、他者の目を通すことで改善点が見え、それによってさらに庭がよくなることもあります。

6 5年後を思い浮かべて植えましょう。

広さにもよりますが、庭が成熟するには7～10年かかるといわれます。庭作りは息の長い仕事です。樹木や低木がりっぱに育つ5年後をめどに、植物がどう育っているか想像して植えましょう。特に樹木や低木、つる性植物、多年草などは大きく育ったあとで動かすのは難しいので、よく考えて数を絞り込みます。植物の数が少なくて最初の年に貧弱に見えるようであれば、低木や多年草の間に一年草やハーブ類をたくさん植え込むとよいでしょう。

▶ 這い登り、建物を覆うフジの白花種。このように大きく育つ姿を想像して植えることが大切。

8 みずからよく働きましょう。

どんなにりっぱな庭であっても、気を配り、手をかけてやる人がいなければ、庭はすぐに荒れてしまいます。バラクラでも絶え間ない雑草とりの仕事がありますし、バラにつく害虫を手でつまんで歩いたり、枝や花がらの整理も必要です。気がつけば腕はとげで傷だらけに。ニッコウキスゲが自然に生えている密度を調べるため、山で実際に咲いている株数を調べたりしたことも。でも、こうやってみずから体を動かして働くことで、自分が細部まで納得できる庭が作れるのだと思います。そればかりか心身が健康になり、自然の美しさや奥深さに気づかせてくれる効用もあるのです。

ハーブもフルーツもハーブも、みずから育てた植物は、みずからの手で収穫したいものです。

夏〜晩秋まで次々と咲くダリア。庭の景色を美しく保つには、まめな花がら摘みが必須。

園内マップ

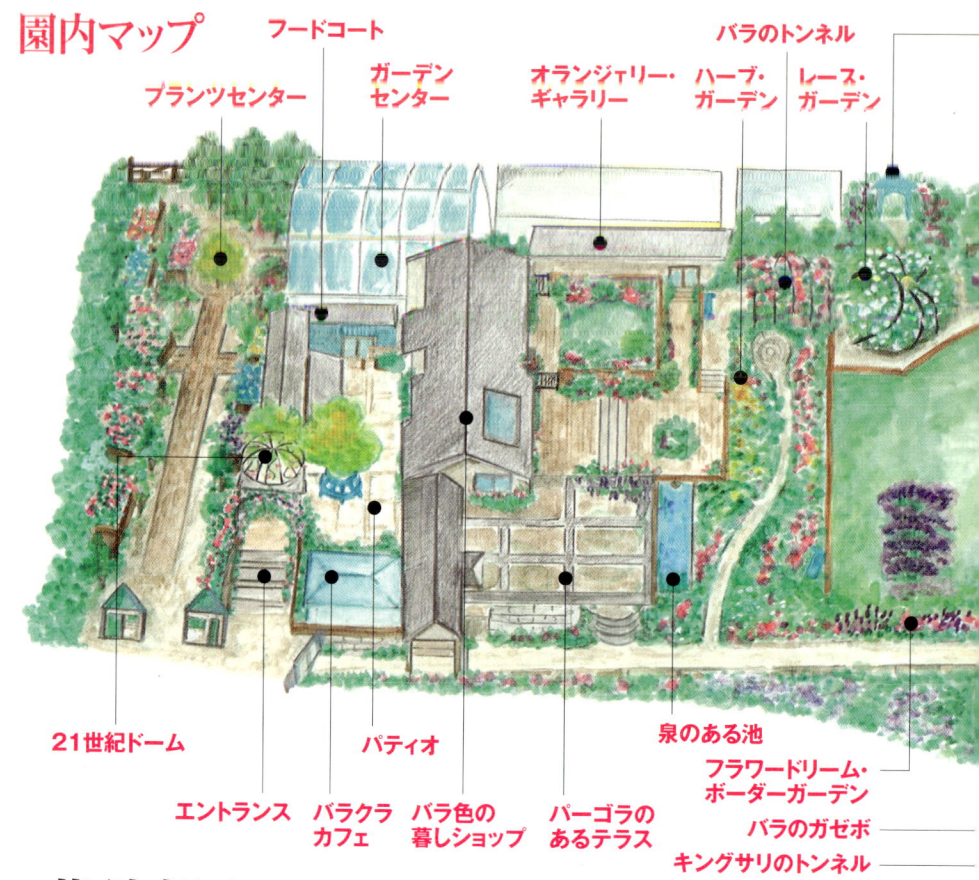

- プランツセンター
- フードコート
- ガーデンセンター
- オランジャリー・ギャラリー
- ハーブ・ガーデン
- バラのトンネル
- レース・ガーデン
- 21世紀ドーム
- エントランス
- バラクラカフェ
- パティオ
- バラ色の暮らしショップ
- パーゴラのあるテラス
- 泉のある池
- フラワードリーム・ボーダーガーデン
- バラのガゼボ
- キングサリのトンネル

蓼科高原 バラクラ イングリッシュ ガーデン マップ

約1万㎡もの敷地内には、季節ごとに異なる表情が楽しめる、さまざまなテーマガーデンや施設があります。本書を片手に、園内の散策をお楽しみください。

蓼科高原
バラクラ イングリッシュ ガーデン
長野県茅野市北山栗平5047
TEL0266-77-2019
FAX0266-77-2819
http://barakura.co.jp/

ケイ山田ガーデニングスクール
（おもなスクール）
◎蓼科本校　　0266-71-5555
◎恵比寿三越校　03-5793-8739
◎大丸心斎橋校　06-4704-5860
◎大丸神戸校　　078-391-8700

おもなイベント

時期	イベント
3月中旬～下旬	ガーデン開き
4月中旬～下旬	スプリングフラワーショー
4月下旬～5月上旬	ガーデンプランツショー
6月中旬～下旬	バラクラ フラワーショー
9月中旬～下旬	オータムガーデンショー
10月上旬	バラクラの収穫祭 ハーベストフェスティバル
12月上旬～中旬	クリスマスウィークス＆

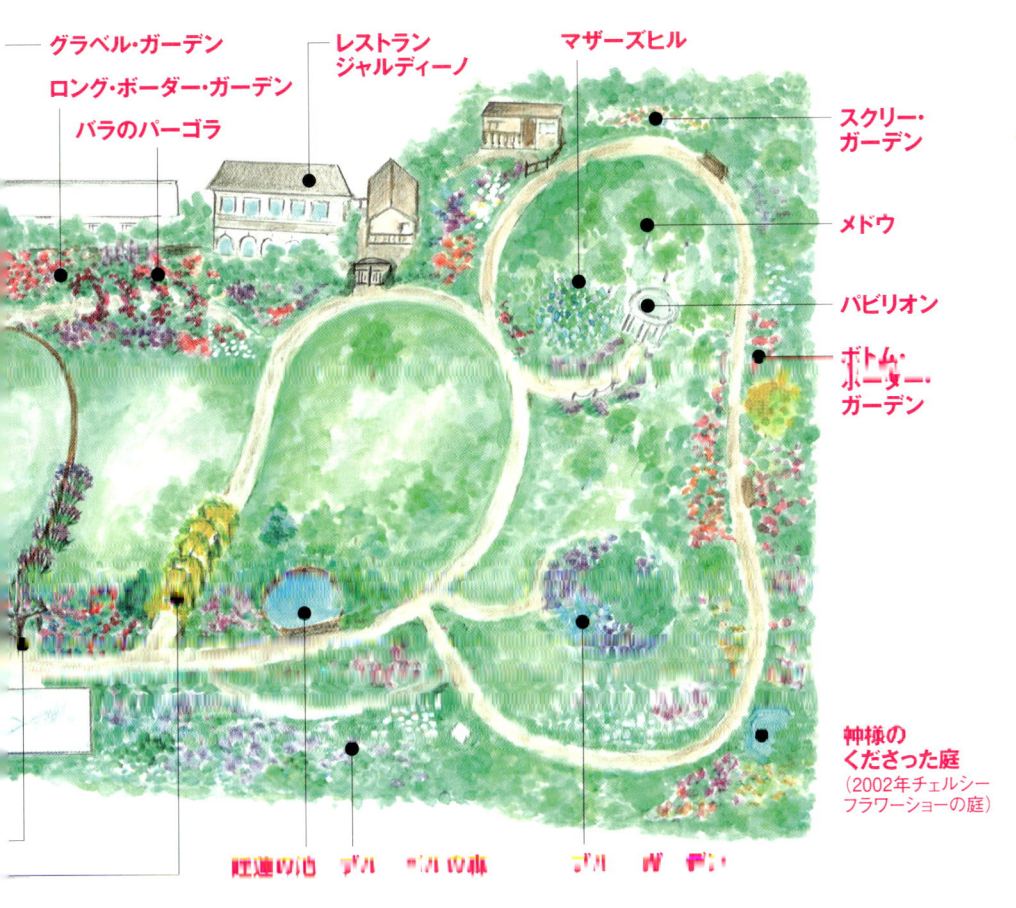

グラベル・ガーデン
ロング・ボーダー・ガーデン
バラのパーゴラ
レストラン ジャルディーノ
マザーズヒル
スクリー・ガーデン
メドウ
パビリオン
ボトム・ボーダー・ガーデン
神様のくださった庭
（2002年チェルシーフラワーショーの庭）

おわりに

　いま、蓼科は雪に覆われています。雪の上に落ちた葉に太陽が当たって葉の形に雪をとかし、くぼみができています。もう少ししたら待ちわびた春。球根たちも土の中で一生懸命伸びようとしていることでしょう。名残雪を押し分けてスイセンの芽が出始めると、その芽の周りの雪がとけるのです。力強い生命力とエネルギーにいつも感動します。

"3月と4月、朝から晩まで、
　タネまきや庭を整える準備、
そしてポットをあちこちに置いてみる、
そうしたことが私のよろこび——"
　　　　　　　　　　For your gardenより

　この本を作るにあたって、たびたび蓼科に来られ、編集の労をとってくださった主婦の友社の牧谷さん、ライターの吉原さんに感謝いたします。そしてご協力くださったFAJの田中さん、サカタのタネさんなど、ありがとうございました。

2012年2月吉日　**ケイ山田**
　　　　　　　　Kay Yamada

さくいん

※色のついた数字はその植物について詳しく紹介しているページです。

ア

アイリス・レティキュラータ……12
アカトウガラシ……143
アガパンサス……54
アカンサス・モリス……54
アキレア→ヤロウ
アケボノフウロ……80
アゲラタム……140
アジサイ……112
　青花種……112
アジュガ・レプタンス……27
アストランティア……52、55
アップルミント……88
アネモネ・ブランダ……10、11
　青花種……10
　白花種……10
アフリカワスレナグサ→アンチューサ
アメジストセージ→
　宿根サルビア・レウカンサ
アメリカハナズオウ
　'フォレストパンジー'……39
アリウム……48、49、57、76、99
　ギガンチウム……48、49、75
　クリストフィー……49
　'マウントエベレスト'……49
アルケミラ・モリス
　……46、56、57、76
アンチューサ……46、58、99

イ

イカリソウ……28
　白花種……28
　ピンク花種……28
イフェイオン……12
イングリッシュデージー……26、27
イングリッシュブルーベル……50
イングリッシュラベンダー……113
　青花種……113
　'アロマティコ シルバーピンク'
　……113
　'アロマティコ ブルー'……113
インパチエンス
　……87、96、97、101、126、166
　'アップルブロッサム'……97
　'オレンジフラッシュ'……97

ウ

ウインダ コスモス……110
ウコンザクラ……41
ウジョウザクラ……41
ウスベニアオイ・コモンマロウ
ウワズミザクラ……41

エ

エキナセア……59、60
　'パープレア'……59
　'ピンクダブルデライト'……59
　'ホットパパイヤ'……59
エリカ……159
エルダー→セイヨウニワトコ
エレムルス……55
　'クレオパトラ'……55

オ

オイランソウ→宿根フロックス
オウゴンシモツケ→
　シモツケ'ゴールドフレーム'
オウゴンミズキ……161
オータムクロッカス……128、130、131
　白花種……131
オオベニウツギ……112
オオベンケイソウ……140
　'オータムジョイ'……140
オニゲシ→オリエンタルポピー
オモチャカボチャ……143
オリエンタルポピー……56

カ

ガーデンシクラメン……156、163
カウスリップ→プリムラ・ヴェリス
ガウラ……56
カクトラノオ……141
カシワバアジサイ……112
カタクリモドキ→ドデカテオン
カリブラコア……101
　'ティフォシー スター'……101
　'ティフォシー パープル'……101
カルーナ……157、159
　'ガーデンガールズ'……159
観賞用トウガラシ……144
カンパニュラ……62
　'ブルーウォーターフォール'……62
　ラプンクロイデス……62

キ

キショウブ……58
ギボウシ……63、166
　'寒河江'……63
　'ハルシオン'……63
キャットニップ→ネペタ

キャットミント→ネペタ
球根ベゴニア……132
　'フォーチュン イエロー'……132
　'フォーチュン ピンク'……132
　'フォーチュン ホワイト'……132
キョウガノコ……68
キングサリ……78、115

ク

クジャクアスター……146
クラブアップル→マルス
クランベリー→ツルコケモモ
クリスマスローズ……10、158
　ガーデンハイブリッド……158
　ニゲル……158
グレープヒヤシンス→ムスカリ
クレオメ……98、99
　白花種……98
　ピンク花種……98
クレマチス……64、66
　ジャックマニー……64、65
　フラミュラ……65
　モンタナ'スプーネリー'……65
　モンタナ'ルーベンス'……64、65
クロコスミア……50
クロッカス……13、131
　'ジャンヌダーク'……13
　'ストライプビューティー'……13
　'リメンブランス'……13
クロバナフウロ……80
クロフネツツジ……43
グンネラ・マニカタ……68

ケ

ケマンソウ……62
　白花種……62
　ピンク花種……62
ケムリノキ→スモークツリー
ゲラニウム→フウロソウ

コ

ゴールデンアカシア……118
コトネアスター……150
　ホリゾンタリス……150
コモンマロウ……86
コリウス……69、94
　'ゴリラ サーモンピンク'……69
　'ゴリラ スカーレット'……69
コルチカム→オータムクロッカス
コロラドトウヒ……154、159、160

サ

サクラ……41
　ウコンザクラ……41

ウジョウザクラ………………41
ウワズミザクラ………………41
シダレザクラ………………26、74
フジマメザクラ………………41
ヤエザクラ………………40、41
サノラン………………131
サラサウツギ………………114
サラサドウダンツツジ………43
サラシナショウマ………………141
サンザシ………………150
三尺バーベナ→
　バーベナ・ボナリエンシス
サンシュユ………………39

シ
シオン………………146
ジギタリス………………69
　白花種………………69
シクラメン………………156
　ガーデンシクラメン……156、163
シダレザクラ………………26、74
シバザクラ………………28
　青〜ブルー花種………………28
　白花種………………28
ジャノメギク………………111
　ゴールドラッシュ………114
　白花種………………114
　ピンク花種………………114
ジャーマンアイリス………70、76
ジャーマンカモマイル………93
シャクナゲ………………42
シャガ………………60
シュウメイギク………………142
　白花種………………142
　ピンク花種………………142
ジューンベリー………………116
宿根アスター………………146
　クジャクアスター………146
　シオン………………146
　ユウゼンギク………………146
宿根サルビア………………144
　グアラニチカ………………144
　パテンス………………144
　ファリナセア………144、145
　ミクロフィラ………………144
　レウカンサ………………144
宿根ビオラ………………27
　オドラータ'アルバ'………27
　ソロリア'プリケアナ'………27
宿根フロックス………………71
　'エパクルーン'………………71
　ピンク花種………………71
宿根リナリア………………71
シラー・シベリカ………………12
　青花種………………12

シラカバ………………44、156
シレネ・ディオイカ………29
白花ハナシノブ→
　ポレモニウム・カエルレウム'アルバ'

ス
スイスチャード………………97
スイセン………………14、15、17
　'アークティックゴールド'………15
　'アクタエア'………………14、15
　'キングスアルフレッド'………8、14
　'チャフルネス'………………15
　'テータテイト'………10、15、17
　バルボコディウム
　'モノフィラス'………………15
　'ラスベガス'………………15
スイフヨウ………………120
スイレン………………72
　白花種………………72
　ピンク花種………………72
スコッチブルーム………93
ススキ………………143
スノードロップ………………10
ススキ、ヒメイヌ、ネコ、ブルーヘブン
スノーフレーク………………11
スノーフレーク………………10
スモークツリー………………116

セ
セイヨウカタクリ………………16
　'パゴダ'………………16
　'ホワイトビューティー'………16
セイヨウシャクナゲ………………42
　シャクナゲ………………42
　白花種………………42
セイヨウニワトコ………………117
　'ブラックレース'………117
セイヨウノコギリソウ→ヤロウ
セイヨウヒイラギ………159
ゼラニウム………………29
　'カリオペ'………………29
　'カリオペ スカーレットファイヤー'………29
センテッドゼラニウム………30
　ローズゼラニウム………30
センニチコウ………………98
　'バイカラーローズ'………98
　ピンク花種………………98

ソ
ソライロサルビア→
　宿根サルビア・パテンス

タ
ダイアンサス………………30、70
　ピンク花種………………30
タイタンビカス………………72
　'ブライトレッド'………………72
タイツリソウ→ケマンソウ
タチアオイ………………74
　'ニグラ'………………74
ダリア……71、94、128、133、
　134、135、136、138、143、145、
　　　　　　　　　163、167、169
　'淡雪手まり'………………139
　'キャンディフロス'………134
　'クリムゾンビューティー'………134
　'グレイスミドルトン'………139
　'グレンプレス'………………139
　'サマーファイヤーワーク'………138
　'ジェシーリタ'………………138
　'ジャパニーズビショップ'………138
　'ストロベリークリーム'………134
　'ニジ'………………138
　'ハッピーシングルフレーム'
　………………139
　'バンビーノ'………………169
　'ベッドリムムーン'………138
　'ぺてるぎうす'………134、135
　'ロージーマジェンタ'………135
　'ロージーライフ'………134
タリクトラム………………75
　'ホワイトクラウド'………75

チ
チオノドクサ………………17
　'ブルージャイアント'………17
チェッカーベリー………150
チェリーセージ→
　宿根サルビア・ミクロフィラ
チャイブ………………75
チューリップ
　………18、19、20、38、43、122
　'アメリカンドリーム'………21
　'アラジン'………………20
　'アンジェリケ'………………19
　'カボタ'………………20
　'クイーンオブナイト'………8、19
　クルシアナ'レディー・ジェーン'
　………………20
　'スプリンググリーン'………19
　'ハーツデライト'………………21
　'ピンクインプレッション'………21
　'プリティウーマン'………19
　'ブルーダイアモンド'……20、40、43
　'ブルーヘロン'………………19
　'レッドハンター'………………21

173

ツ

- ツゲ ……………………………………… 100
- ツツジ …………………………………… 13
- ツルバギア・シルバーレース …………… 44
- ‘シルバーラップソディ’ ………………… 45
- ツユクサ ………………………………… 73
- ツルニチニチソウ ……………………… 161
- ツルマサキ ……………………………… 100

テ

- デイリリー→ヘメロカリス

ト

- 銅葉メギ ………………………………… 39
- トーチリリー→トリトマ
- ドデカテオン …………………………… 31
- トリカブト ………………………… 128、142
- ナベルス ……………………………… 142
- トリトマ …………………………… 59、75
- ‘プレッシンハムコメット’ ……………… 75
- トレニア …………………………… 93、101
- ‘クラウン ローズ’ ……………………… 93

ナ

- ナスタチウム ………………… 54、65、97、101
- ナナカマド ……………………………… 151

ニ

- ニオイゼラニウム→
  センテッドゼラニウム
- ニコチアナ・シルベストリス …………… 147
- ニセアカシア …………………………… 118
- ‘カスケードジュ’ ……………………… 118
- ‘ゴールデンアカシア’ ………………… 118
- ニッコウキスゲ …………………… 83、169
- ニチニチソウ …………………………… 100
- ニューサイラン …………………… 87、101

ネ

- ネペタ …………………………………… 78
- ‘シックスヒルズジャイアント’ ………… 78
- ‘ファーセニー’ ………………………… 78

ノ

- ノウゼンカズラ ………………………… 117
- ノリウツギ ……………………………… 117
- ノルウェーカエデ ……………………… 151
- ‘クリムゾンキング’ …………………… 151
- ‘ドラモンディ’ ………………………… 151
- ‘プリンストンゴールド’ ……………… 151

ハ

- バーバスカム …………………………… 79
- バーベナ・ボナリエンシス ……………… 78
- ハイカズラ …………………………… 140

- ハイドランジア ‘アナベル’
  ……………………………… 110、119
- 白花種 …………………………………… 119
- ピンク花種 ……………………………… 119
- ハイドワート→フィソステギア・バージニカ
- ハクチョウソウ→ガウラ
- ハナニラ・イフェイオン
- ハニーサックル ………………………… 121
- オレンジ花種 …………………………… 119
- 黄花種 ………………………………… 121
- ハボタン ……………………………… 163
- バラ ………………… 55、69、76、103、119、
  135、166、167、169
- ‘アルケミスト’ ………………………… 104
- ‘アルバーティン’ ……………………… 103
- ‘アルベリックバルビエ’ ……………… 103
- ‘ウイリアムロブ’ ……………………… 108
- ‘ヴェイルヒエンブラウ’ ……………… 103
- ‘コンスタンススプライ’ ……………… 104
- ‘サーポールスミス’ ……………… 60、104
- スイートブライヤー→
  ロサ・エグランテリア
- ‘スーパーエクセルサ’ ………………… 48
- ‘ドロシーパーキンス’ …………… 102、103
- バイオレットブルー→
  ‘ヴェイルヒエンブラウ’
- ‘バフビューティー’ …………………… 108
- ‘バリエガータディボローニア’
  ……………………………………… 108
- ‘バレリーナ’ …………………………… 104
- ‘バロンジロードレイン’ ……………… 108
- ‘ブラッシュノアゼット’ ………………… 51
- ‘ブラッシュランブラー’ …………… 106、164
- ‘ポールズヒマラヤンムスク’ ………… 109
- ‘ミセスヤマダ’ ………………………… 108
- ‘ランブリングレクター’
  …………………………… 46、105、166
- ‘ローザリーデルヘイ’ ………………… 108
- ‘ローブリッター’ …………… 51、73、104
- ロサ・エグランテリア ……………… 107、150
- ロサ・キフツゲート …………………… 107
- ロサ・ポーリーアイ …………………… 107
- ロサ・ルゴサ アルバ ………………… 107
- パンジー …………………… 25、35、36、140
- ‘絵になるスミレ ソレイユ’ …………… 37
- ‘絵になるスミレ パルム’ ……………… 37
- ‘絵になるスミレ ミュール’ …………… 37
- ‘虹色スミレ メープル’ ………………… 37
- ‘パノラ XP トゥルーブルー’ …………… 37

ヒ

- ヒース→エリカ
- ビオラ ………………… 35、36、40、140
- ‘ソルベ イエローフロスト’ …………… 37
- ‘ソルベ XP ホワイト’ ………………… 36
- ‘ソルベ ブラックデライト’ …………… 37

- ‘ソルベ ブラックアライド’ …………… 20
- ‘バニー レッド ブロッチ’ ……………… 37
- ヒメヒマワリ→ヘリオプシス
- ヒヤシンス …………………… 22、23、36
- ‘アイオロス’ …………………………… 23
- ‘アンナリサ’ …………………………… 23
- ‘カーネギー’ …………………………… 23
- ‘ピンクパール’ ………………………… 23
- ‘マリー’ ………………………………… 20
- ヒューケラ ……………………………… 82
- ‘シャンハイ’ …………………………… 82
- ‘シュガーフロスティング’ …………… 82
- ピラカンサ …………………………… 152

フ

- 斑入りサンゴミズキ …………………… 161
- フウロソウ ……………………… 56、64、80
- アケボノフウロ ………………………… 80
- クロバナフウロ ………………………… 80
- ‘ジョンソンズブルー’ ………………… 80
- ‘スプリッシュスプラッシュ’ ………… 80
- ‘ロザンネイ’ …………………………… 80
- フェンネル ……………………………… 81
- ブロンズフェンネル …………………… 81
- フォックステールリリー→エレムルス
- フクシア ……………………………… 101、120
- 赤×紫花種 …………………………… 120
- フジ …………………………………… 122
- 白花種 ………………………… 122、168
- 紫花種 ………………………………… 122
- フジマメザクラ ………………………… 41
- ブッドレア …………………………… 123
- 白花種 ………………………………… 123
- 紫花種 ………………………………… 123
- ブラキカム ……………………………… 38
- フリチラリア …………………………… 24
- インペリアリス ………………………… 24
- ツンベルギー …………………………… 24
- ミハイロフスキー ……………………… 24
- メレアグリス …………………………… 24
- プリムラ ……………………………… 156、157
- オーリキュラ ………………………… 156
- ポリアンサ …………………………… 156
- プリムラ・ヴェリス …………………… 31
- ブルーキャットミント→
  ネペタ・ファーセニー
- ブルーサルビア→
  宿根サルビア・ファリナセア
- プルモナリア …………………………… 31
- ‘ミセスムーン’ ………………………… 31
- ブルンネラ ……………………………… 82
- ‘ジャックフロスト’ …………………… 82
- マクロフィラ …………………………… 82
- プレクトランサス ‘モナ ラベンダー’
  ……………………………………… 79
- ブロンズフェンネル …………………… 81

ヘ

ベゴニア……………………………69
ヘザー→カルーナ
ペチュニア……………………65、101
　'ファントム'………………………101
ヘデラ………………………100、101、161
　'アトロパープレア'………………161
ベニシタン→
　コトネアスター・ホリゾンタリス
ベニバナサリギキョウ……………83
ヘメロカリス…………………83、99
　ニッコウキスゲ……………83、169
ヘリオトロープ……………………123
　紫花種……………………………123
ヘリオプシス………………………83
　'旭'…………………………………83
ベルガモット→モナルダ
ベロニカ……………………………84
　ストルム…………………………84
　ロンギフォリア…………………84
ペンステモン………………………84
　ハイブリッド……………………84

ホ

ボダイジュ…………………………40
ホタルブクロ………………………85
　'サラストロ'………………………85
ポットマム……………………143、147
　'カーペットマム イエロー'……147
ポテンティラ…………………58、127
　黄花種……………………………127
　白花種……………………………127
ホリホック→タチアオイ
ポレモニウム………………………85
　カエルレウム……………………85
　カエルレウム 'アルバ'…………85
　カシメリアナム…………………85

マ

マムシグサ…………………………86
マリーゴールド……………………100
　八重咲き種………………………100
マルス………………………………44
　'プロフュージョン'………………44
　'ロイヤリティー'…………………44
マロウ………………………………86
　コモンマロウ……………………86
　ムスクマロウ……………………86
マンデビラ 'サンパラソル'………87
　'サンパラソル ビューティ レッド'
　　………………………………………87

ミ

ミズキ………………………………161
　オウゴンミズキ…………………161
　斑入りサンゴミズキ……………161
ミソハギ……………………………87
ミニアイリス→
　アイリス・レティキュラータ
ミヤマオダマキ……………………32
ミント………………………………88
　アップルミント…………………88

ム

ムクゲ………………………………124
　'アーデンス'………………………124
　'紫玉'………………………………124
　'玉兎'………………………………124
　'ブルーサテン'……………………124
　'ラベンダーシフォン'……………124
　'ルーシー'…………………………124
ムスカリ……………………………25
　アルメニアカム…………………25
　'マウントフッド'…………………25
　ムスカリ…………………………25
　ムラサキケマン…………………
　ムラサキシキブ……………………152

メ

メハジキ……………………………88
　銅葉メハジキ……………………89
メドウセージ→
　宿根サルビア・グアラニチカ

モ

モクフヨウ…………………………120
　白大ピンク花種…………………120
　八重咲き種………………………120
モクレン……………………………45
　ピンク花種………………………45
モナルダ……………………88、89、119
　赤紫花種…………………………88
　'ケンブリッジスカーレット'……88

ヤ

ヤエザクラ………………………40、41
ヤグルマギク………………………38
ヤマボウシ……………………125、148
ヤロウ……………………………57、89
　ピンク花種………………………89

ユ

ユウゼンギク………………………146
ユーパトリウム……………………146
　青花種……………………………146
　ピンク花種………………………146
ユーフォルビア…………………20、33
　'アスコットレインボー'…………33
　'シバリシアス'……………………33
　'ファイヤーグロー'………………33
　'ボーンファイヤー'………………33

ユリ…………………51、52、55、66、94
　'カサブランカ'……………………52
　'サーモンウィンクル'……………51
　'シトロネラ'………………………53
　'スイートサレンダー'……………51
　'ピンクタイガー'…………………52
　マルタゴン………………………52

ラ

ラッセルルピナス…………………92
ラミウム…………………………89、123
　'ガリオブドロン'…………………89
　'ビーコンシルバー'………………89
　'ピンクパール'……………………89

リ

リアトリス…………………………90
　'コボルト'…………………………90
リグラリア…………………………91
　デンタータ………………………91
　プルツェワルスキー……………91
リシマキア…………………………90
　'キリアータ フィリギリア'……90
　'ファイヤークラッカー'…………90
　'ミッドナイト'……………………90

ル

ルシアンパイン…………126、127、146
ルス・ティファナ…………………152
ルドベキア……………………91、144
　'トトロ'……………………………91
　'ヒルタ'……………………………91
ルバーブ………………………90、169
ルピナス………………………70、92
　ラッセルルピナス………………92
ルリタマアザミ……………………92

レ

レディスマントル→アルケミラ・モリス
レンギョウ…………………………45

ロ

ローズゼラニウム…………………30
ローンデージー→
　イングリッシュデージー
ロベリア 'アズーロコンパクト'……100
　'アズーロコンパクト スカイブルー'
　　………………………………………100

ワ

ワイルドストロベリー……………32、145
ワスレナグサ………………………38

ケイ山田
Kay Yamada

英国園芸研究家。「蓼科高原バラクラ イングリッシュ ガーデン」のオーナー。「ケイ山田ガーデニングスクール」主宰。フラワーデザイナーとして活躍後、1972年ファッションブランド「バラ色の暮し」を設立。ヨーロッパに服づくりの素材を求める中、英国の庭に心ひかれ、1990年に長野県茅野市に日本初の本格的英国庭園「蓼科高原 バラクラ イングリッシュ ガーデン」を開園。2002年には英国の「チェルシーフラワーショー」の「ショーガーデン部門」に出場し、準金賞を受賞。2003年、2009年と計3回の出場を果たす。新潟県見附市の「みつけイングリッシュガーデン」などの公共庭園のデザイン・監修に携わるなど、英国庭園の文化を普及し続けている。著書は『ケイ山田の美しい庭づくり』(世界文化社)など多数。

撮影／今井秀治、入江寿紀、ケイ山田、
　　　黒澤俊宏・佐山裕子・柴田和宣・鈴木江実子
　　　(主婦の友社写真課)
表紙・本文デザイン／中原克則(STANCE)
校正／大塚美紀(聚珍社)
編集協力／吉原美奈子
編集担当／牧香里香(主婦の友社)

写真協力／蓼科高原 バラクラ イングリッシュ ガーデン
　　　　　アカツカFFCパビリオン(☎059-230-2121)
　　　　　サカタのタネ(☎045-945-8824＜通信販売部＞)
　　　　　サントリーフラワーズ(☎0570-550-087＜ナビダイヤル＞)
　　　　　大官園
　　　　　豊幸園(☎0567-32-2315)
　　　　　フラワー オークション ジャパン
　　　　　ピーター・ビールス・ロージズ
衣装協力／バラ色の暮し

ケイ山田のバラクラ イングリッシュガーデン
四季の花図鑑
— おすすめのガーデンプランツ445 —

2012年4月30日　第1刷発行

著　者／ケイ山田
発行者／荻野善之
発行所／株式会社 主婦の友社
　　　　〒101-8911　東京都千代田区神田駿河台2-9
　　　　電話 (編集) 03-5280-7535
　　　　　　 (販売) 03-5280-7551
印刷所／凸版印刷株式会社

- 乱丁本、落丁本はおとりかえします。お買い求めの書店か、主婦の友社資材刊行課(電話 03-5280-7590)にご連絡ください。
- 内容に関するお問い合わせは、主婦の友社園芸ガイド編集部(電話 03-5280-7535)まで。
- 主婦の友社が発行する書籍・ムックのご注文、雑誌の定期購読のお申し込みは、お近くの書店か主婦の友社コールセンター(電話 049-259-1236)まで。

＊お問い合わせ受付時間　土・日・祝日を除く　月～金　9:30～17:30
　主婦の友社ホームページ　http://www.shufunotomo.co.jp/

©Kay Yamada　2012　Printed in Japan
ISBN978-4-07-279433-3

Ⓡ〈日本複写権センター委託出版物〉
本書を無断で複写複製(電子化を含む)することは、著作権法上の例外を除き、禁じられています。本書をコピーされる場合は、事前に日本複写権センター(JRRC)の許諾を受けてください。また本書を代行業者等の第三者に依頼してスキャンやデジタル化することは、たとえ個人や家庭内での利用であっても一切認められておりません。